R & L

Im Glas noch deines Kusses Hauch

Ein erotisches Kochbuch

von Angela Troni

Rütten & Loening
Berlin

Mit 5 Reproduktionen
nach historischen Abbildungen
(© Archiv für Kunst und Geschichte, Berlin)

ISBN 3-352-00694-6

1. Auflage 2001

Einbandgestaltung Ute Henkel/Torsten Lemme
unter Verwendung eines Fotos von Gerald Hahn
Typographie Peter Friederici
Druck und Binden Franz Spiegel Buch GmbH, Ulm
Printed in Germany

www.ruetten-und-loening.de

Inhalt

»Vermählung von Bacchus und Ariadne«
Hendrik van Balen (1575–1632)
Dresden, Gemäldegalerie Alte Meister

Vom mittelalterlichen Liebestrunk zum erotischen Nouvelle-Cuisine-Menü

Die Kunst der kulinarischen Verführung

Kulinarische und sinnliche Genüsse sind seit Urzeiten auf das engste miteinander verbunden, was schon Adam und Eva durch den Griff nach der verbotenen Frucht eindrucksvoll dokumentierten. Über alle Kulturgrenzen hinweg träumen die Menschen davon, der Liebe mit kulinarischen Zutaten auf die Sprünge zu helfen. Schon lange bevor Forscher die Zusammensetzung von potenzsteigernden Medikamenten austüftelten, haben Männer und Frauen sich daher mit der Frage befaßt, wie Lust und sinnliches Erleben gesteigert werden können. Was lag da näher, als im Garten von Mutter Natur nach Pflanzen, Kräutern und Gewürzen zu suchen, die – mehr – Lust auf Liebe machen?

Dabei sagte man ursprünglich vorwiegend seltenen oder besonders auffällig aussehenden Gewürzen und Kräutern, wie der Alraune, eine anregende Wirkung auf das Liebesleben nach. Selbst heutzutage, da auch die exotischsten Früchte und seltensten Gemüse das ganze Jahr über zu kaufen sind, haben die aphrodisischen Nahrungsmittel nichts von ihrer geheimnisvollen Aura verloren. Ob Austern, Spargel, Erdbeeren, Wein oder Kakao – nicht wenigen Nahrungsmitteln und Getränken eilt ein erotischer Ruf voraus.

So wird Petersilie und Sellerie nachgesagt, sie wirkten stimulierend auf die Sexualorgane. Nelke hingegen habe vorwiegend entspannende Eigenschaften, und Safran soll sogar enthemmend wirken. Viele dieser Gewächse haben einen sehr hohen Vitamin-, Mineralstoff- oder Eiweißgehalt, der vitalisierend und kräftigend wirkt. Bei den zahlreich aphrodisisch genutzten Gewürzen, wie beispielsweise Muskat, Zimt, Anis, Vanille, und bei Küchenkräutern, wie Basilikum oder Liebstöckel, stimulieren meist die ätherischen Öle.

Daneben zählen auch verschiedene Gemüsesorten zu den natürlichen Aphrodisiaka. So soll sich etwa der Genuß von Tomaten, Kartoffeln, Auberginen, Paprika, Sellerie oder Spargel positiv auf das Liebesleben auswirken. Den eingedickten Milchsaft des Lattichs, der Urform des Kopfsalates, verehrte man früher als Samenflüssigkeit der Götter. In der Pfeife geraucht, war er mit seinem morphinähnlichen Alkaloid ein beliebtes sexuelles Stimulans. Feldsalat enthält ebenfalls opiatähnliche Stoffe, die für die Entspannung aufgeregter Liebhaber sorgen. Sellerie hingegen, dessen Wurzel und Samen seit Jahrhunderten den Ruf haben, ein Wundermittel für den Mann zu sein, regt mit seinen ätherischen Ölen und insulinähnlichen Substanzen Drüsen und Stoffwechsel an. Und nach biochemischen Erkenntnissen fördern die in der Karotte enthaltenen Porphyrine beispielsweise über die Hypophyse die Ausschüttung von Sexualhormonen.

Die Menschen machten von den verschiedensten Möglichkeiten

Gebrauch, die natürlichen Aphrodisiaka zuzubereiten und anzuwenden. Diese sind im Kräuterlexikon jeweils spezifisch für jede einzelne der lustbringenden Substanzen erläutert.

> Weibliche Nacktheit
> muß man den Männern mit dem Teelöffel geben,
> nicht mit der Schöpfkelle.
>
> *Coco Chanel*

Dieses Zitat von Coco Chanel trifft auch auf Aphrodisiaka zu. In Maßen genossen können sie die Empfindsamkeit und den Spaß an der Erotik lustvoll steigern, Überdosen haben hingegen unschöne Nebenwirkungen, die im Extremfall, etwa bei Stechapfel, Bilsenkraut und Fliegenpilz, zum Tode führen können.

Manchem läuft schon allein beim Gedanken an eine reife, pralle rote Erdbeere das Wasser im Munde zusammen. Die Substanzen aus Früchten und vor allem Kräutern regen die Sinne an und können angenehme Gefühle hervorrufen. Doch zahlreiche der als erotisierend geltenden Gewürze und Kräuter wirken nicht nur auf der biochemischen Ebene, sondern durch ihren Duft, ihr Aussehen und ihre Form auch auf der psychologischen Ebene.

Aphrodisiaka, die berühmten Mittel zur Steigerung, Stärkung und Anregung des erotischen Verlangens, entfachen das Feuer der Leidenschaft und sind deshalb ebenso geheimnisumwittert wie begehrt. Die alten Griechen und Römer, die schon bald die erregenden Substanzen der Pflanzen zu nutzen wußten, nannten sie »choras aphrodisias« oder »venera«, also Liebespflanzen, und verstanden sie als Geschenke der Liebesgöttin an die Menschheit.

Benannt sind die stimulierenden Leckereien und Spezereien aus der Natur nach Aphrodite, der griechischen Göttin der Schönheit und der Liebe. Die Legende erzählt, daß sie einst vor Zypern im Schaum der Wellen geboren wurde und aus den Schaumkronen des Meeres emporstieg. Kronos, der Gott der Zeit, hatte zuvor Uranos, dem Gott des Himmels, mit einer Sichel den Penis abgetrennt. Als dieser in die tosenden Fluten fiel, befruchtete er eine Muschel, aus der anschließend Aphrodite hervorging. Die nackte Göttin, die in Frauen und Männern gleichermaßen die Sinnlichkeit weckt, gelangte auf einer Muschelschale an Land, und in jedem ihrer Fußstapfen wuchs ein Rosenstrauch, weswegen die Rosen als eines der ältesten Symbole der Liebe gelten. Der Sage nach war die Herrscherin über die Liebenden im Besitz eines einzigartigen Liebeselixiers, das Leidenschaft und Lust entfachen kann. Die Menschen huldigten Aphrodite, indem sie ihre Altäre mit frischen roten Äpfeln und Myrte schmückten. Und mit den »Äpfeln der Aphrodite« hatte es eine ganz besondere Bewandtnis: Wenn verliebte Jünglinge um ihre Angebetete warben, überreichten sie ihr dieses heilige Symbol ihrer Liebe. Nahm die junge Frau den Apfel an, drückte sie damit ihre Zustimmung aus und schenkte dem zukünftigen Bräutigam zugleich symbolisch ihre Jungfräulichkeit. Auf zahlreichen Darstellungen trägt die verehrte Göttin einen Zaubergürtel um die Hüfte, der die verschiedensten Mittel zur Steigerung von Lust und Potenz enthalten soll.

Auch die Inderinnen, welche die Kunst der Verführung und der Liebe nach den Regeln des Kamasutra erlernten, wußten nicht nur ihren Körper zu pflegen, ihn mit duftenden Salben und wohlriechenden Ölen einzureiben oder die Geschicklichkeit ihrer Finger zu vervollkommnen. Das Bereiten von sinnlichen Tränken sowie erfrischenden und belebenden Fruchtsäften gehörte ebenso zu ihrem Wissen, um die sündigen Wünsche der Männer nach Hingabe und Sinnlichkeit erfüllen zu können.

Bei den indischen Tantra-Riten spielten erotisierende Substanzen ebenfalls eine große Rolle, um die Libido anzuregen und die sexuelle Vereinigung von Mann und Frau zu beflügeln.

Die Liebe ist die Würze des Lebens, heißt es, und dennoch wurde die Verwendung zahlreicher aromatischer und würzender Zutaten im Mittelalter äußerst kritisch beäugt. Wer seine Speisen mit anderen Spezereien als Salz und Zucker würzte, galt als lüstern und mußte um seinen guten Ruf fürchten. Exotische Gewürze waren besonders verpönt, was sie jedoch nicht weniger begehrt machte, und die Händler aus dem Fernen Osten konnten die große Nachfrage nach Ingwer, Safran, Vanille, Zimt und Muskat nicht immer stillen. Schließlich bereitet gerade das Verbotene und Unbekannte das größte Vergnügen.

Im Mittelalter wurden zudem zahlreiche Kräuter, Früchte oder Gewürze für Fruchtbarkeitsriten genutzt. So verwendete man Wacholderdampf, um die Fruchtbarkeit einer Frau zu prüfen. Oder ein junger Mann ließ mit Hilfe von Basilikum bei seiner Auserwählten eine Keuschheitsprobe durchführen. Viele junge Mädchen mußten in den Wochen vor ihrer Vermählung zur Förderung ihrer Fruchtbarkeit eine Muskatnuß an einer Schnur um den Hals tragen. Kräutersäckchen mit Liebstöckel in der Hochzeitsnacht unters Kissen gelegt, sollten für einen ekstatischen Liebesrausch sorgen.

In aller Herren Länder war die Kultivierung aphrodisierender Kräuter und Gemüse zu jener Zeit häufig Aufgabe der Mönche. Die Klöster verfügten über stattliche Kräutergärten, und die heilkundigen Mönche hielten ihr Wissen und ihre Erkenntnisse in den ersten Kräuterbüchern fest. Da die jüdisch-christlichen Religionen jedoch Sexualität, abgesehen von der Zeugung, als verdammenswert ansahen, war den kräuterkundigen Mönchen die Zubereitung von Liebestränken ebenso wie der Genuß bestimmter, als anregend geltender Kräuter und Gewürze bei drakonischen Strafmaßnahmen verboten.

Hierzulande schwor man außerdem auf Stechapfel, Bilsenkraut und Belladonna, während die Indianer Mexikos geriebene Pilze rauchten oder Kokablätter kauten, um sich in Stimmung zu bringen. Allerdings war die Sucht nach stimulierenden Getränken für die heil- und zauberkundigen Frauen in Europa, die diese damals als Hüterinnen der Geheimnisse um das Wohl des Menschen, um seine Zeugungskraft und Fruchtbarkeit überwiegend zusammenrührten, alles andere als ungefährlich. Nicht selten konnten die Menschen in ihrer Gier nach Lust nicht genug von den mythenumrankten Gebräuen bekommen, dosierten sie falsch und zahlten die Zeche im Extremfall mit ihrem Leben. Dabei waren die Tränke eigentlich ausschließlich für Liebeszauber gedacht und sollten niemandem auch nur den geringsten Schaden zufügen. Die Schuldigen waren schnell gefunden: Aus geschätzten Heilerinnen wurden bald dämonische Hexen, denen ihr einzigartiges, geheimes botanisches Wissen um Kräuter, Salben und Tinkturen somit zum Verhängnis wurde. Das »Versagen ihrer magischen Kräfte« wurde den Frauen als böswilliger Zau-

ber ausgelegt, sie selbst beschuldigt, mit bösen Mächten in Verbindung zu stehen, und als Gespielinnen des Teufels geächtet und verfolgt.

Im Zeitalter des Rokoko hingegen scherte man sich nicht viel um den guten Ruf; Maßlosigkeit, Wollust und Gier bestimmten das Leben der Menschen. Die »erlaubte Unzucht« war damals in den höheren Gesellschaftsschichten an der Tagesordnung, und Orgien an Königshöfen, bei denen weder Gaumen noch Libido zu kurz kamen, erfreuten sich größter Beliebtheit. Dabei frönten in Frankreich der Sonnenkönig oder sein Neffe Philipp von Orleans ebenso den sinnlichen Freuden wie die Dogen in Venedig. Nicht zuletzt für Casanova gehörte das Liebesspiel zum krönenden Abschluß eines Festmenüs, er betrachtete die Gaumenfreuden stets als Vorspiel zu weiteren sinnlichen Genüssen; und damit hielt er sich nur an die guten Sitten, die damals galten.

Das weibliche Geschlecht dient dem Manne, wie ihm das Essen notwendig ist, um ihn zu ernähren. Obgleich er sich an einer einzelnen Speise sättigen könnte, wünscht er hundert in verschiedenen Formen. Die Sättigung ist dieselbe, aber er bemerkt das erst hinterher. Beim Verspeisen von verschiedenen Ragouts empfindet er jedesmal ein anderes Vergnügen. Dasselbe ist der Fall beim Genuß der Liebe.

Giacomo Casanova, Notiz über den Liebesgenuß

Zu Zeiten des wohl berühmtesten feurigen Liebhabers labte man sich nicht nur an maßlosen Eß- und Trinkgelagen; schöne Jungfern durften bei den zahlreichen Orgien selbstverständlich nicht fehlen, da der Genuß von Wein ohne Weib und Gesang nicht vollkommen war. Casanova selbst schwor auf die potenzsteigernden Eigenschaften der Austern, die er am liebsten direkt aus dem Mund seiner Angebeteten schlürfte.

War der größte Liebhaber aller Zeiten nur selten um Ideen und Methoden verlegen, die Frauenwelt zu betören, und lagen ihm die verlockend erscheinenden Damen, ob jung, ob alt, oft gar scharenweise zu Füßen, mußten einige andere von der Liebe besessene zu härteren Mitteln greifen. Gelegentlich blieb dieses Gebaren jedoch nicht ohne Folgen für den lüsternen Liebhaber. So brachte die »Spanische Fliege«, das Pulver der Kantharide, einer Kakerlakenart, den großen erotischen Schriftsteller Marquis de Sade sogar hinter Schloß und Riegel. Bei den von ihm veranstalteten Orgien hatte er nämlich den anwesenden Damen in Naschereien versteckte Kanthariden verabreicht, um sie zu hemmungslosen Liebesspielen ganz nach seinem Gusto zu verführen.

Auch zahlreiche Literaten und Filmemacher haben sich von der Wechselwirkung von Eros und Essen inspirieren lassen und kulinarisch-erotische Werke geschaffen, welche die unvergleichliche Süße der erotischen Augenblicke auskosten. Sei es in Ovids »Metamorphosen«, in Giovanni Boccaccios »L' Ameto« oder in Torquato Tassos »Aminta« – stets geht es um opulente Mahlzeiten, die von den sinnlichen Freuden des Essens künden. Wieder andere Autoren nutzen das Motiv des Kannibalismus, um beispielsweise die unbezähmbare Liebesleidenschaft ihres Helden zu symbolisieren. Dazu gehören Fieldings »Tom Jones« ebenso wie Kleists »Penthesilea«, Joyces »Ulysses« oder Sylvia Plaths »Lady Lazarus«. Nicht zuletzt haben Gustave Flaubert, Honoré de

Balzac und Guy de Maupassant unvergleichliche Liebesmahle beschrieben.

Zwar hat der Glaube an natürliche Aphrodisiaka und deren stimulierende Wirkung eine lange Tradition, dennoch hatten die einzelnen Völker jeweils ihre ganz speziellen Vorstellungen und Ansichten. Bei aller Individualität und Verschiedenheit war ihnen eines jedoch gemein: die unaufhörliche Suche nach luststeigernden und potenzfördernden Substanzen. Dabei beschränkte man sich keineswegs immer nur auf pflanzliche Wirkstoffe. In einigen Kulturkreisen galten Geschlechtsteile von Tieren als ideale Potenzmittel, die je nach Zubereitungsart sowohl zur äußerlichen Anwendung, meist in Form von Tinkturen, als auch zur innerlichen Anwendung, etwa in Wein oder sonstigen Alkohol eingelegt, gedacht waren. Schon im vierten Jahrhundert vor Christus waren aphrodisierende Speisen, die das Begehren der Partner wecken und die Manneskraft stimulieren sollten, ein wichtiger Bestandteil des indischen Kamasutra.

Der Königssohn mit Freuden
Ihr folget in ihr Haus;
Sie tischt ihm auf, kein Edelhof
Vermöchte so stattlichen Schmaus:

Schwarzwild und Rebhuhn, Fisch und Met;
Er fragt nicht lang, woher.
Sie zeigt so stolze Sitten,
Des wundert er sich sehr.
Eduard Mörike, Die schlimme Gret' und der Königssohn

Die Suche nach der größtmöglichen Lust kannte dabei übrigens keine Klassenschranken: Karl der Große schwor ebenso auf seine persönliche Geheimmedizin wie Ludwig XIV., die großen Herrscher des Orients oder die Bauern und einfachen Leute. Ein jeder bevorzugte etwas anderes, und der Glaube an den Erfolg spielte in bezug auf die Wirksamkeit der diversen Tränke und Mittel dabei sicher keine unerhebliche Rolle. Wissenschaftlich nachweisbar sind die lustfördernden Substanzen in den Aphrodisiaka allerdings kaum – und nicht selten ist es nur die Form oder die Farbe, die der Pflanze ihren Ruf eingebracht hat, etwa bei der Mohrrübe, dem Spargel oder dem Rettich. In der Regel wirken die natürlichen Lustbringer kreislaufanregend und gefäßerweiternd – manche gar enthemmend – und somit stimulierend für Körper und Geist. Auch die beruhigenden und entspannungsfördernden Wirkungen einiger Pflanzen können das Liebesleben positiv beeinflussen.

»Das Fest der Götter«, um 1630
Cornelis van Poelenburgh (1594–1667)
Den Haag, Mautishuis

Liebe – scharf gewürzt

Kleines Lexikon der aphrodisierenden Zutaten

Nur in den Tagen des Frühlingsmonds
Blühen die Quitten vom Fluß getränkt,
Und die Granaten im Garten der Jungfrauen,
blühen die leise erschienenen Knospen des Weinstocks
im Schatten der rankenden Reben.
Doch nie will die Liebesqual, sommers nicht, winters nicht,
schlafen in meinem Herzen.
Flammend von Blitzen, dem Nordsturm gleich,
bricht sie herein, von der Göttin selbst,
von Aphrodite gesandt, verfinstert, voll Wahnsinn.

Ibykos

Agave
(Agave americana)

Die Agave stammt ursprünglich aus Mexiko, wo auch heute noch die größte Artenvielfalt herrscht. Typisch für die Agaven sind die langen, schmalen, fleischigen Blätter mit gezacktem Rand, die in Form einer Rosette wachsen. Eindeutig erkennbar sind Agaven auch an dem langen glatten Stengel mit rispenförmigem Blütenstand.

Die verschiedenen Agavengewächse enthalten zahlreiche wirksame Substanzen, vor allem ätherische Öle, Mineralstoffe, Vitamine und Polysaccharide. Die Pflanze wird vor allem äußerlich angewendet und ist ein häufiger Inhaltsstoff für Cremes und Salben. In der alternativen Medizin wird sie daher vor allem zur Bekämpfung von Hautkrankheiten eingesetzt. Daneben gilt die Agave vor allem den Mexikanern als beliebtes Aphrodisiakum. Das potenzsteigernde Mittel wird dabei allerdings innerlich angewendet, vorwiegend als wohlschmeckender Wein, der durch einige besondere Gewürze seinen typischen Geschmack erhält.

Alraune
(Mandragora officinarum)

Die Alraune, eigentlich heißt sie Mandragora, stammt ursprünglich aus dem Mittelmeerraum, Nordafrika und Asien, wo sie auch heute noch an sonnigen, trockenen Orten wächst. Die Blätter der Alraune sind lang und oval, riechen leicht nach Tabak und wachsen meist dicht am Boden in einer Rosette. Neben einer dicken, fleischigen Wurzel sind vor allem die auffälligen goldenen Früchte das Markenzeichen des Nachtschattengewächses. Letztere wurden auch die Liebesäpfel der Aphrodite genannt, die den Beinamen Göttin der Alraune trug.

Das Nachtschattengewächs ist seit Jahrhunderten wie keine andere Pflanze von einer mystischen und geheimnisvollen Aura umgeben und wurde wegen seiner magischen Kräfte auch Königin der Zauberkräuter genannt. Die berühmteste Pflanze des Altertums und des Mittelalters wurde schon in der Bibel unter der Bezeichnung Liebesapfel erwähnt. Laut Volksmund ist die menschenähnliche Wurzelform ursprünglich aus den tropfenden Samen der Gehenkten entstanden. Eine geschnitzte Alraunenwurzel als Glücksbringer durfte in keinem Haushalt fehlen. Sie schützte nämlich nicht nur vor allerlei Gefahren und Krankheiten, sie beantwortete außerdem alle Fragen, garantierte Fruchtbarkeit und brachte den Bewohnern Glück und Reichtum. Neben dieser symbolischen Wirkung wurde die Pflanze jedoch auch als Heilmittel verabreicht. Vor allem die Wurzel fand in Liebestränken und medizinischen Suden Verwendung, während die Früchte eher wegen ihrer betörenden, nahezu berauschenden Wirkung gleichermaßen geschätzt und gefürchtet waren. Auch wurde behauptet, die Pflanze würde beim Pflücken herzzerreißende Schreie ausstoßen. All diejenigen, die diese Schreie hörten, verfielen dem Wahnsinn und müßten schon bald darauf sterben.

Weh, wenn ich zu früh erwachen sollte,
Wenn mich ein ekelhafter Dunst umqualmt,
Wenn's kreischt, als grübe man Alräunchen aus,
Bei deren Ton der Mensch von Sinnen kommt.

William Shakespeare, Romeo und Julia

Entsprechend begehrt und teuer war sie eben auch, und wer eines der seltenen Exemplare besaß, hütete es wie seinen Augapfel.

Ananas
(Ananas comosus)

Die Ananas ist ursprünglich in Zentralamerika und auf den Westindischen Inseln heimisch. Heute wird sie hauptsächlich in den Tropen in großen Plantagen angebaut. Aus einer Rosette langer, spitz zulaufender, meist dornig gezähnter Blätter wächst ein kolbiger Blütenstand mit einem etwa einhundert Zentimeter langen Stiel und schwach violetten Blüten. Darauf bildet sich anschließend ein zapfenförmiger, gelber Beerenfruchtstand.

Die saftigen Früchte, deren Fruchtfleisch süß-säuerlich schmeckt, sind besonders reich an Mineralstoffen, vor allem Eisen und Kalzium, sowie den Vitaminen A, B und C. Wegen ihrer entschlakkenden Wirkung ist sie Bestandteil zahlreicher Diäten und wird bei Arteriosklerose eingesetzt. Aufgrund ihrer aphrodisierenden Wirkung wird die Ananas in einigen Kulturen besonders geschätzt.

Anis
(Pimpinella anisum)

Diese Staudenpflanze, deren Früchte auch Brotsamen genannt werden, wächst an sonnigen Plätzen auf eher trockenen Böden hauptsächlich in Nordafrika und im Mittelmeerraum. Die Pflanzen werden bis zu fünfzig Zentimeter hoch, die Stengelblätter sind schmal und zipfelig, die Grundblätter abgerundet und zart duftend. Die weißen Anisblüten stehen auf kleinen Dolden.

Die jungen Blätter eignen sich besonders gut zum Garnieren von Suppen, Salaten und Gemüsegerichten, Stengel und Wurzeln geben Suppen und Eintöpfen eine besondere Note, die Blüten verfeinern Obstsalate, während die Früchte sehr vielseitig einsetzbar sind und sich sowohl in der europäischen als auch in der arabischen und indischen Küche großer Beliebtheit erfreuen. Sie würzen Nachspeisen, Gebäck, Mixed Pickles oder Curry-Gerichte und verleihen zahlreichen Spirituosen wie Pernod, Ricard, Ouzo oder Raki ein süßes, unverkennbares Aroma.

Schon im Altertum zählte Anis zu den beliebtesten Heil- und Würzpflanzen und wurde in zahlreichen Speisen und vor allem Tränken angewendet. Neben Tees mit verdauungsfördernder und übelkeitshemmender Wirkung, wurden die ätherischen Öle in den Anissamen für die Herstellung krampflösender und hustenlindernder Mittel verwendet. Nicht zuletzt war Anis bei den Römern und Griechen als Aphrodisiakum sehr beliebt.

Apfel
(Malus communis)

Äpfel gelten seit Adam und Eva als Symbol der erotischen Verführung schlechthin, vor allem mit roter Schale wirken sie besonders verführerisch. Auch in der griechischen und nordischen Mythologie spielt der Apfel – er stammte schließlich vom Baum des Lebens und der Erkenntnis – als Frucht der Liebe eine große Rolle, im Mittelalter galt er zudem als Symbol des Sinnenreizes und der Erbsünde. Da wundert es nicht, daß die Zahl der Liebeszauber und Orakel, die mit dem Apfel oder seinen Kernen durchgeführt wurden, größer ist als alle anderen. So hieß es, daß junge Mädchen ihren zukünftigen Ehemann im Traum sehen konnten, wenn Sie einen reifen roten Apfel unter ihr Kopfkissen steckten; oder man röstete Apfelkerne auf einen Stab gespießt über dem Feuer, und wenn sie dann mit einem lauten Knistern zerplatzten, ging ein lange gehegter, geheimer Wunsch in Erfüllung.

Äpfel finden in der Küche sehr vielseitige Verwendung. Zahlreiche Süßspeisen, Kuchen, Kompott oder Bratäpfel zählen zu den beliebtesten Gerichten. Äpfel geben aber auch Fleischgerichten, Salaten oder Suppen eine fruchtige Note.

Wegen ihres hohen Vitamin C-Gehalts dienen sie der Vorbeugung gegen Erkältungskrankheiten und stärken das Immunsystem des Körpers. Aber auch bei Gallenbeschwerden oder Verdauungsstörungen, wie zum Beispiel Durchfall, werden sie erfolgreich angewendet.

Dein Schloß ist ein Park
Von Granatbäumen
Mit allerlei köstlichen Früchten,
Cybertrauben samt Narden,
Narde und Safran,
Gewürzrohr und Zimt
Samt allerlei Weihrauchhölzern,
Myrrhen und Aloe
Mit den allerbesten Balsamen.

Hohelied Salomos, 4,12-14

Eine besondere erotische Bedeutung kommt dem Granatapfel (punica granatum) zu, der vor allem in Indien und Zypern seit dem Altertum verbreitet ist. Die Legende besagt, daß Aphrodite einst den ersten Granatapfelbaum auf Zypern pflanzte, dessen phallusförmige Knospe zu einem wichtigen Liebessymbol wurde. Die Liebesgöttin wird in zahlreichen Darstellungen mit einem Granatapfel und einer Blüte des Baumes dargestellt, was bedeutet, daß sie die beiden Pole der Sexualität in sich vereint. Aus dem süßen Saft der tizianroten Venusfrucht wird Grenadine, eine Zutat für Cocktails und Sorbet, hergestellt. Junge Mädchen schmückten sich früher oft mit den Zweigen des Fruchtbarkeitssymbols, oder sie mischten einige Tropfen des köstlichen Saftes als Liebestrunk mit Wein und verabreichten ihn ihrem Auserwählten, um diesen zu verzaubern. Frisch vermählten Paaren wurden einige Granatäpfel vor die Haustür gelegt, um für reichen Kindersegen zu sorgen. Durch die Jahrhunderte hinweg verzaubert der Granatapfel nicht nur die Götter und Liebenden, sondern auch Dichter und andere Künstler: Rainer Maria Rilke war von der göttlichen Frucht ebenso begeistert wie Botticelli oder Dürer, und von der Geschichte der Persephone in der griechischen Mythologie über Goethe, Schiller und Oscar Wilde bis hin zu Shakespeares Romeo und Julia war und ist der Granatapfel ein begehrtes Motiv in der Literatur.

Aubergine
(Solanum melongena)

Die Aubergine, auch Melanzana genannt, war ursprünglich in Indien heimisch, wird heute jedoch hauptsächlich in den Tropen und Subtropen angebaut. Die einjährige Pflanze kann bis zu einem Meter hoch werden und trägt gurkenförmige, bis zu 30

Zentimeter lange und ein Kilogramm schwere Früchte, die meist eine dunkelviolette, aber auch eine weißliche Farbe annehmen.

Die beliebte Eierfrucht zählt zu den Nachtschattengewächsen und gilt aufgrund ihrer belebenden Wirkung vor allem in südlichen Ländern als Aphrodisiakum. In erster Linie trägt wohl ihre Form zu diesem außergewöhnlichen Ruf bei, nach dem sie einigen Essern regelrecht den Verstand raubte.

Avocado
(Persea americana)

Ihren Ursprung hat diese Baumfrucht, die heute auf der ganzen Welt kultiviert wird, in Zentralamerika.

Der immergrüne, bis zu zwanzig Meter hohe Avocadobaum zählt zu den Lorbeergewächsen und hat derbe, länglich-eiförmige Blätter und gelbe, wohlriechende Blüten. Die birnenförmigen Früchte werden etwa faustgroß, sind dunkelgrün bis braunrot gefärbt und haben einen braunen, bitteren Kern.

Die bekömmlichen Früchte, deren Fruchtfleisch sehr ölig ist, enthalten zahlreiche Nährstoffe, darunter Vitamine, Aminosäuren und antibiotische Wirkstoffe.

Aufgrund ihres hohen Ölgehaltes sind Avocados oft Bestandteil für kosmetische Produkte.

Neben dem Fruchtfleisch haftet vor allem dem Kern eine belebende und luststeigernde Wirkung an.

Basilikum
(Ocimum basilicum)

Dieses einjährige Kraut wächst vorwiegend an sonnigen Plätzen auf mäßig trockenen Böden. Ursprünglich stammt es aus Indien und erfreut sich vor allem in der Mittelmeerküche großer Beliebtheit. Die hellgrünen Blätter sind oval und leicht gezackt, die duftenden Blüten rötlich oder weiß.

Basilikum hat einen sehr intensiven Geruch und Geschmack, am bekömmlichsten sind die ganz jungen Pflänzchen. Die Blätter niemals abzupfen, sondern immer die ganzen Stiele verwenden. Basilikum paßt wegen seines starken Geschmacks nur zu wenigen anderen Kräutern, z.B. Dost, Salbei, Knoblauch, Rosmarin und Thymian. Es wird vor allem in der italienischen Küche für Tomaten, Mozzarella, Auberginen, Kräuteressig oder Öle verwendet, außerdem bildet es die Grundlage für die berühmte Pestosauce. Da das Kraut beim Erhitzen fast zerfällt, eignet es sich nur kalt zum Garnieren. Getrocknet schmeckt es übrigens nicht.

Die Inder hatten das Basilikum dem Gott Vishnu geweiht, und auch die europäischen Völker sagten ihm belebende Eigenschaften auf Körper und Geist nach. Die heilende Wirkung der im Basilikum enthaltenen ätherischen Öle, Gerbstoffe und des Saponins war schon den alten Römern bekannt, die es für eine Vielzahl von Salben und Tinkturen benutzten. Basilikumblätter helfen äußerlich angewendet bei Insektenstichen, Akne, Schlangenbissen oder Ringelflechte. Die ätherischen Öle in den Blättern fördern zudem die Gallenfunktion und wirken außerdem appetitanregend, verdauungsfördernd, krampflösend und beruhigend. Daneben gilt die Pflanze bei den Hindus als heilig und steht noch heute auf Altären, um den Betenden Gesundheit und Fruchtbarkeit zu garantieren. Doch auch seiner aphrodisierenden Wirkung wegen wird das Kraut geschätzt und geliebt. In südlichen Ländern war Basilikum schon vor Jahrhunderten Bestandteil eines Liebeszaubers, der untreue Männer in die Arme der Angetrauten zurückbringen sollte. Vermischt mit zahlreichen anderen Kräutern, darunter Thymian, Majoran, Lavendel und Schachtelhalm, wurde Basilikum mit kochendem Wasser übergossen und zur Belebung der Manneskraft verabreicht.

Betelnuß
(Areca catechu)

Die Betelnußpalme, auch Arekapalme genannt, ist eine von den Sundainseln stammende Palmenart, die heute in Südasien, Ostafrika, Südchina und auf Taiwan kultiviert wird. Die bis zu fünfzehn Meter hohen Bäume sind gekrönt von einem Schopf gefiederter Blätter, verzweigten Fruchtständen und bis eiergroßen Früchten. Die dicke, faserige Fruchtwand umschließt einen rotbraunen Samen mit zerklüftetem Nährgewebe.

In Asien sind die Betelnuß- oder Arekasamen wegen ihrer stimulierenden, streßmindernden und antibakteriellen Eigenschaften als Heil- und Genußmittel seit Jahrtausenden bekannt und beliebt. Neben Fetten, Zucker und Gerbstoffen enthalten die Samen auch Alkaloide, denen sie ihren Ruf als wirkungsvolles Aphrodisiakum verdanken. Daher wird die Betelnuß nicht nur als Küchengewürz und als Tee, sondern auch als sogenannter Betelbissen verwendet. Für die luststeigernde Kaumasse werden zerriebene Betelnußsamen mit verschiedenen Gewürzen, wie Muskatnuß, Nelken und Pfeffer, vermengt und anschließend in ein Betelpalmblatt gerollt. Durch intensives Kauen werden die Wirkstoffe aus den Samen herausgelöst und regen die erotische Phantasie bei Männern und Frauen gleichermaßen an.

Bilsenkraut
(Hyoscyamus niger)

Dieses giftige Nachtschattengewächs, um das sich seit der Antike zahlreiche Sagen ranken, kommt vor allem im Mittelmeerraum, Nordafrika und Indien vor. Vorwiegend wächst Bilsenkraut auf Schutt und an stickstoffreichen Standorten. Die unangenehm riechende Pflanze wird bis zu achtzig Zentimeter hoch und hat buchtig gezahnte Blätter sowie glockenförmige gelbe Blüten und Kapselfrüchte.

Schon die Mönche hatten die krampflösende und sekretionshemmende Wirkung von Atropin, das aus den Blättern gewonnen wird, sowie Hyoscyamin und Scopolamin, die in den Samen enthalten sind, erkannt und eingesetzt. Außerdem wurde die heilige Pflanze, die dem Sonnengott geweiht war, für Orakel und andere Riten genutzt, weswegen sie auch als Hexenkraut verschrien war und von den Christen als Teufelskraut verurteilt wurde. Entweder versuchten die Menschen sich in Ekstase zu versetzen, indem sie das Kraut rauchten, oder sie brauten daraus feurige Liebestränke. Doch nicht nur die berauschenden, sondern auch die potenzsteigernden Substanzen trugen zur Beliebtheit dieser Droge bei. Allerdings drohen bei Überdosierung nicht nur Verwirrung und Realitätsverlust, sondern schlimmstenfalls Bewußtlosigkeit oder Atemlähmung.

Brennessel
(Urtica dioica)

Die wohl bekannteste Wildpflanze – fast jeder hat schon einmal Bekanntschaft mit ihren brennenden Blättern gemacht – wächst vorwiegend an Fluß- und Bachufern, Hecken und in Gebüschen, ist aber auch auf Ödland oder Schutthalden zu finden. Die eiförmigen Blätter haben einen sägezahnartigen Rand, die eher unscheinbaren Blüten sind hellgrün bis weiß.

Vor allem die jungen Blätter und Triebe werden wegen ihres spinatähnlichen Geschmacks gern für Salate, Kräutermischungen, Dips und Saucen verwendet. Brennesseln müssen immer kurz in Salzwasser blanchiert werden, damit sie nicht mehr brennen.

Die Pflanze wird seit Jahrhunderten nicht nur wegen ihrer Heilkraft und aphrodisierenden Eigenschaften, sondern auch aufgrund ihrer starken antidämonischen Wirkung geschätzt. Ob als Schutz bei Gewitter, vor Unwetterschäden, Krankheiten und Geldsorgen oder als Zauberkraut für den Angebeteten – die Anwendungsmöglichkeiten waren ebenso zahlreich wie vielfältig. Die Brennessel, von vielen Menschen als lästiges Unkraut abgetan, zählte schon für Hildegard von Bingen und die heilkundigen

Mönche des Mittelalters zu den wirkungsvollsten und vielseitigsten Heilpflanzen. Brennesseln wirken nicht nur blutreinigend, wegen ihres hohen Vitamin- und Nährstoffgehalts (u.a. Eisen, Kalium) werden sie seit Jahrhunderten für die verschiedensten Heilprozesse eingesetzt. Sie finden Verwendung als stärkendes Tonikum bei Erschöpfung und Schwächeanfällen, regen Blasen- und Nierenfunktion an und helfen bei Blasenentzündungen oder Nierensteinen. Äußerlich angewendet entfalten sie als Tinktur oder Aufguß ihre heilende Wirkung vor allem bei Schnitten, offenen Wunden, Verbrennungen, aber auch bei Nasenbluten oder Hämorrhoiden. Daneben lindern Brennesseln Asthma oder schweren Husten, helfen aber auch bei Durchfall, Entzündungen im Darm oder Blähungen. Die Ameisensäure und das Histamin der brennenden Haare wird erfolgreich zur Linderung von Rheuma oder Arthritis eingesetzt. Nicht zuletzt die belebende, durchblutungsfördernde und stoffwechselanregende Wirkung hat ihr einen Ruf als hervorragendes Aphrodisiakum eingetragen.

Chili

(Capsicum annuum)

Der Ursprung der artenreichen Pflanze liegt in Süd- und Mittelamerika, heute wird sie jedoch auch in weiten Teilen Asiens angebaut. Chilis wachsen an buschigen Sträuchern, die länglichen, an Paprika erinnernden Früchte können grün, gelb, orange oder dunkelrot gefärbt sein.

Ihre Schärfe erhalten die feurigen Schoten durch den Wirkstoff

Capsaicin, der besonders Schleimhäute und den urogenitalen Bereich reizt. Das außerdem reichlich enthaltene Vitamin C hingegen wirkt eher fiebersenkend, kreislaufanregend und antibakteriell, weswegen die Schoten schon bei den Indianern als wertvolle Heilpflanze galten. Daneben verleiht die allgemein anregende Wirkung der Pflanze einen Ruf als hervorragendes Aphrodisiakum. Die stimulierenden, durchblutungsfördernden Substanzen geben dem Körper neue Energie und stärken den gesamten Organismus, weswegen Chili auch als wirksames Mittel gegen Impotenz gilt. Allerdings sollte man das feurige Wundermittel äußerst sparsam dosieren, da es in großen Mengen Magen- und Darmschleimhäute schädigen kann.

Dattelpalme
(Phoenix dactylifera)

Die zur Gattung der Palmen zählende Pflanze ist vor allem in Indien, Asien sowie im subtropischen und tropischen Afrika heimisch. Die Bäume werden bis zu dreißig Meter hoch und sind geprägt durch die ausladenden, gefiederten Blätter, die in einer großen Baumkrone angeordnet sind. Sie entwickeln pro Jahr etwa zehn bis zwölf reich verzweigte, langstielige Blütenrispen, an denen lange, gelbgrüne bis dunkelbraune Beerenfrüchte heranreifen.

Bis heute konnte in den Säften der Dattelpalme kein aphrodisierender Wirkstoff isoliert werden.

Der hohe Anteil an Kohlenhydraten, Eiweißen und Vitaminen macht die Datteln zu einem beliebten Nahrungsmittel. Die

Früchte werden entweder frisch, getrocknet oder zu Honig, Sirup, Schnaps oder Wein verarbeitet genossen. Vor allem Palmweine werden aufgrund ihrer aphrodisierenden und berauschenden Wirkung häufig als Lustmittel eingesetzt. Bei einigen Völkern gilt der erotisierende Wein noch heute als Opfergabe für Götter und soll ein sexuell erfülltes Leben garantieren.

Dost

(Origanum vulgae)

Dieses Kraut ist dem aus südlichen Ländern bekannten Oregano oder auch wildem Majoran sehr ähnlich, allerdings längst nicht so intensiv im Geschmack. Es wächst an Waldrändern und Böschungen auf trockenem, sandigem Boden. Die recht kleinen Blätter der Pflanze, die bis zu sechzig Zentimeter hoch werden kann, sind eiförmig und zart behaart, die Blüten zartrot oder weiß.

Zum Würzen verwendet man immer ganze Blätter mit Stielen, allerdings nur die nicht verholzten jungen Triebe. Dost läßt sich sehr gut mit fast allen anderen Kräutern kombinieren, vor allem mit Basilikum, Thymian, Petersilie und Rosmarin, und kann sowohl frisch als auch getrocknet verwendet werden. Mit seinem würzigen Geschmack paßt er zu vielen Gemüsen wie Tomaten, Paprika, Zucchini und Auberginen.

Wegen seiner roten Blüten, aber auch wegen seines intensiven Geruchs, galt der Dost lange Zeit nicht nur als hervorragendes Abwehrmittel gegen Hexen und sonstige bösen Geister, sondern wurde auch seiner stimulierenden Wirkung wegen geschätzt.

Besonders beliebt waren mit Dost gefüllte Kräuterkissen, die im ganzen Haus verteilt ihre Wirkung entfalteten. Wenn junge Mädchen von ihrem Angebeteten träumen wollten, steckten sie einfach ein solches Säckchen unters Kopfkissen.

Dost lindert dank seiner ätherischen Öle sowie den Gerb- und Bitterstoffen nicht nur Gelenkerkrankungen wie Rheuma, Arthritis und Gicht, sondern wirkt auch fiebersenkend, verdauungsfördernd und appetitanregend. Bei Erkältungskrankheiten bringt er als Tee aufgebrüht die Abwehrkräfte und den Kreislauf wieder in Schwung und hilft bei Husten und Asthma.

Ei

(Ovum)

Das Ei gilt in allen Kulturen als das Symbol für den Beginn des Lebens und spielt daher im Fruchtbarkeits- und Heilzauber zahlreicher Völker eine große Rolle. Unter anderem ist aus der Vorstellung des Eis als Lebenssymbol die orientalische Lehre vom Sonnen- und Weltei entstanden.

Stimulierende Eigenschaften schreibt man allen Sorten von Eiern zu, dem Wachtel-, Hühner- oder Straußenei genauso wie dem Kaviar, übrigens das teuerste aller Aphrodisiaka.

Die Chinesen bewahren beispielsweise Eier über Jahre hinweg auf, weil sie glauben, daß ein gereiftes Ei große sexuelle Kraft verleihe. Auf Männer sollen Eier in erster Linie potenzsteigernd wirken, auf Frauen haben sie eher eine sanfte anregende Wirkung. Vor allem rohen Eiern wird nachgesagt, die Manneskraft zu erhalten und verstärken. Auch in der christlichen Religion spielt das Ei als Lebenssymbol eine große Rolle, etwa zu Ostern oder zu Weihnachten. So stammt der Brauch, Ostereier zu verstecken, ursprünglich von alten Ritualen zur Begrüßung des Frühlings und soll Fruchtbarkeit garantieren.

Eßkastanie
(Castanea sativa)

Die bis zu dreißig Meter hohe, winterkahle Eßkastanie wächst vor allem in Mitteleuropa, vorwiegend in Gebieten mit mildem Klima, auf kalkfreien Böden. Der Laubbaum ist gekennzeichnet durch seine langen, lederartigen, lanzettlich zugespitzten Blätter, die am Rand stachelspitzig gesägt sind. Die Blüten stehen aufrecht in zehn bis zwanzig Zentimeter langen Knäueln und sind gelblich gefärbt. Die Früchte (Maronen) wachsen in stacheligen Fruchtgehäusen heran. Hauptsächlich enthalten die Früchte, die leicht stimulierend wirken sollen, Stärke und waren früher das wichtigste Grundnahrungsmittel der Bergbauern.

Engelstrompete
(Brugmansia aurea)

Ursprünglich stammt die baumartige, mit dem Stechapfel verwandte Pflanze, die bis zu zehn Meter hoch werden kann, aus Mittel- und Südamerika. Die Doldenblütler haben eiförmige, bis zu 30 Zentimeter lange Blätter und äußerst wohlriechende, trichterförmige weiße Blüten, die zwanzig Zentimeter lang werden können. Die ebenfalls eiförmigen Früchte haben eine glatte, grüne Oberfläche und recht große, schwarz-braune Samen.

Der süßliche, betäubende Duft, den die Pflanze vor allem nachts verströmt, bietet Stoff für zahlreiche Legenden, die sich um die Engelstrompete ranken. Etwa soll die Pflanze all denjenigen erotische Träume bescheren, die eine Nacht unter dem Baum schlafen. Die Indianer Perus glauben vielmehr, daß Frauen, die unter der Engelstrompete schlafen, von dem in der Pflanze wohnenden Geist, der sein Sperma in Form von Duft absondere, schwanger werden könnten.

Die Engelstrompete wird in erster Linie wegen ihres hohen Anteils an Scopolamin und Atropin als Heilmittel bei rheumatischen Beschwerden geschätzt. Daneben wird sie in zahlreichen Ländern und Kulturen als halluzinogenes Mittel eingesetzt. Dabei werden die Samen entweder geraucht oder mit den Blättern zu einem stimulierenden Sud gekocht.

Erdbeere
(Fragaria vesca)

Schon im Mittelalter schätzte man die Wirkung der Erdbeere als Schutzmittel gegen Gifte aller Art. Sie gilt außerdem als die Königin unter den Beerenfrüchten und ist als Symbol der Sinnlichkeit und Verführung jedermann bekannt. Und sie hat es tatsächlich in sich. Mit ihrer kräftigen roten Farbe stimuliert sie nicht nur die Sinne – Erdbeeren sind auch sehr reich an Kalium, Phos-

phor, Eisen, Fluor und zahlreichen Vitaminen (A, B_1, B_2 und C). Zudem verfügt sie für Obst über einen ungewöhnlich hohen Purin- und Oxalsäuregehalt.

In der Küche sind Erdbeeren vor allem für Nachspeisen, als ganze Früchte, Püree oder Mus, oder für allerlei Kuchen und Torten sehr beliebt. Aber auch eingemacht als Kompott oder Marmelade ist diese Frucht aus den meisten Haushalten nicht mehr wegzudenken.

Einen Genuß ohnegleichen versprechen frische Erdbeeren mit ihrem sinnlichen Aroma – eine Steigerung wären dann nur die leider seltenen Walderdbeeren. Folgendes sollten Sie unbedingt mal probieren: eisgekühlten Champagner mit saftigen Erdbeeren – eine prickelnde Einstimmung für erotische Momente.

Feige

(Ficus carica)

Hier steht auch noch der liebe Feigenbaum,
Mit dessen Frucht du meine Märchen lohntest;
Hier stehn auch noch die Trauben und Melonen,
Die uns erquickten, wenn wir lang' geschwatzt –,
Doch sprich, mein Lieb, ich seh' nicht den Granatbaum,
Worauf einst saß und sang die Nachtigall,
Ihr Liebesweh der roten Rose klagend.

Heinrich Heine, Almansor

Als wilde Pflanze war die Feige vor allem vom Mittelmeergebiet bis Nordwestindien verbreitet. Die oft recht kleinen Bäume haben sehr charakteristische, derbe, fingerförmig gelappte Blätter. Die

Früchte des Baumes sind meist grün oder violett. Feigen gelten seit Jahrhunderten ihrer Form und der vielen Kerne wegen als Symbol der Fruchtbarkeit. Nicht zufällig ist es das Feigenblatt, mit dem sich Adam und Eva die Scham bedeckten, nachdem sie sich ihrer Nacktheit bewußt geworden waren. Bei den Griechen war die Frucht Dionysos, dem Gott des Weines und der Fruchtbarkeit, geweiht und wurde vielfach in der Volksmedizin verwendet. Meist werden Feigen frisch oder getrocknet gegessen oder zu Säften und Wein verarbeitet.

Galgant
(Alpinia officinarium)

Galgant zählt zu den Ingwergewächsen und kommt vor allem in Indien, Thailand und China vor. Die Staudenpflanze kann bis zu 1,5 Meter hoch werden und hat eine knollenartige Wurzel. An schmalen, hohen Stengeln wachsen lange Blätter und orchideenartige, weiße Blüten.

Vor allem der Wurzelstock der Pflanze enthält ätherische Öle, die verdauungsfördernd und magensaftanregend sind und daher oft in Magenpräparaten Verwendung finden. In der ayurvedischen Medizin wird die Knolle seit Jahrtausenden wegen ihrer Heilwirkung geschätzt. Auf die Genitalien aufgelegt soll sie außerdem die Potenz des Mannes steigern und ihn zu einem ausdauernden Liebhaber machen. Wegen ihrer aphrodisierenden Eigenschaften findet die Wurzel daher auch in Likören und Schnäpsen Verwendung.

Gänseblümchen
(Bellis perennis)

Diese Pflanze, die auch Maßliebchen oder Tausendschön genannt wird, kommt in ganz Mitteleuropa vor. Die auf Wiesen, Weiden und am Wegesrand wachsenden Gänseblümchen sehen nicht nur sehr schön aus, sie verfügen auch über heilende Kräfte und schmecken außerdem gut. Die kleinwüchsigen, frostunempfindlichen Staudengewächse haben kleine, gebuchtete, grüne, in einer Rosette dicht am Boden wachsende Blätter und zusammengesetzte Blütenköpfe aus meist weißen oder rötlich gefärbten Zungenblüten und gelben Röhrenblüten. Die Blütenköpfe schließen sich übrigens nachts und bei Regenwetter.

Sowohl die herben jungen Blätter als auch die Blüten eignen sich hervorragend für Salate oder Kräutermischungen.

Gänseblümchen wirken dank ihrer Saponine und ätherischen Öle stoffwechselanregend und blutreinigend. Als Volksheilmittel bei Husten und Hautleiden sind sie schon seit Jahrhunderten bekannt. Auch bei der äußeren Anwendung zeigen sich ihre beruhigenden und entzündungshemmenden Eigenschaften, etwa bei der Behandlung von Hautunreinheiten oder Ekzemen. Ihre belebende Wirkung hat dem Gänseblümchen unter anderem einen Ruf als Aphrodisiakum eingetragen.

Ginkgo
(Ginkgo biloba)

Dieser sommergrüne, bis zu dreißig Meter hohe Fächerbaum ist in China und Japan heimisch. Die Blätter sind meist zweiteilig gelappt und fächerförmig verbreitert. Die kirschenähnlichen Samen haben eine gelbe Schale und erinnern entfernt an Pflaumen.

Die in den Blättern des Gingkobaumes enthaltenen Wirkstoffe haben hauptsächlich durchblutungsfördernde Eigenschaften und werden daher bei Konzentrationsproblemen sowie Depressionen und Kopfschmerzen eingesetzt. Als Aphrodisiakum sind in erster Linie die Samen des Baumes bekannt.

Ginseng
(Panax ginseng)

Der Ginseng stammt ursprünglich aus der Mandschurei und wird heute hauptsächlich in Japan und den USA angebaut. Die Staudenpflanze kann bis zu fünfzig Zentimeter lang werden und hat fünf- bis siebenzählige gefingerte Blätter und grünlich-weiße Blüten. Der rübenförmige, weiße Wurzelstock kann erst nach mehreren Jahren geerntet werden. Die Ginsengwurzel ist seit mehr als 2000 Jahren in Ostasien ein geschätztes Allheilmittel, dessen Anwendung nicht selten mit mystischen Vorstellungen verbunden war. Die berühmteste Heilpflanze der Chinesen, die auch »Geist der Erde« genannt wurde, war einst dem Kaiser vorbehalten, der als Sohn des Himmels galt. Die Wirkstoffe der Men-

schenwurzel, die in ihrer Form entfernt an die Alraune erinnert, stimulieren Körper und Geist gleichermaßen und sind nicht nur in Medikamenten zur Stärkung des Immunsystems, sondern auch in Diabetesmitteln und Arzneien gegen Wechseljahresbeschwerden enthalten.

Guarana
(Paullinia cupana)

Die Samen dieser Lianenart, die hauptsächlich im Amazonasgebiet heimisch ist, heißen auch »Früchte der Jugend«. Die strauchähnliche Pflanze hat lange, gefiederte Blätter, weißlich-gelbe Rispenblüten und etwa kastaniengroße Früchte mit Samen. Das Seifenbaumgewächs erfreute sich schon bei den Amazonas-Indianern großer Beliebtheit, die daraus eine Art Wein und das berühmte Guaranabrot herstellten. Aufgrund des hohen Koffeingehaltes wird aus den Samen ein stark anregendes Erfrischungsgetränk aufgebrüht, das in erster Linie als Aphrodisiakum eingesetzt wird. Doch auch in Kaugummis, Schokoriegeln und Pasten sind oft Guaranasamen enthalten.

Hanf
(Cannabis sativa)

Hanf, eine der ältesten Kulturpflanzen der Menschheit, hat seinen Ursprung in West- und Zentralasien. Die bis zu vier Meter hohe, einjährige, zweigeschlechtliche Pflanze hat fingerförmig gefiederte Blätter mit feinen Härchen und bräunlich gefärbten Blüten. Neben seiner Eigenschaft als Faserlieferant, dient Hanf vor allem zur Gewinnung von Haschisch (Harz der weiblichen Blüten) und Marihuana (von Blättern getrennte Blütenstände).

Die altindischen Kulturen verehrten diese Pflanze als heilig, da sie nicht nur als Heil- und Genußmittel, sondern auch als Aphrodisiakum diente, das eine vollkommene Ekstase ermöglicht. Heute zählt Hanf zu den berühmtesten und meistverwendeten Aphrodisiaka weltweit.

Schon vor mehreren tausend Jahren setzten die Heiler diese Wunderpflanze zur Linderung zahlreicher Beschwerden ein: Schmerzen aller Art, Verdauungsprobleme und – nicht selten – Impotenz. Seine Bedeutung für die Erotik und als Fruchtbarkeitssymbol beschreibt die Legende vom Götterpaar Shiva und Parvati. Als die unglückliche Göttin Shiva nach Mitteln und Wegen suchte, ihren untreuen Gatten wieder an sich zu binden, stieß sie auf die harzige Hanfblüte. Sie mischte sie mit anderen Kräutern und gab sie Parvati zu rauchen, der daraufhin in neuer Lust zu seiner Frau entbrannte.

Für die tantrischen Liebesrituale wurde Hanf gern als Getränk verabreicht, während die Asketen ihn zur Unterstützung von Körper und Geist bei Kontemplation und Meditation verwendeten und die Schamanen seine Wirkung nutzten, um sich in ekstatische Trancezustände zu versetzen. Wie beim Opium variiert die Wirkung des Hanfs, je nachdem, ob er geraucht oder gegessen wird – zumeist ist sie jedoch leicht psychedelisch, intensivierend für die Sinneswahrnehmung und sexuell stimulierend.

Himbeere
(Rubus idaeus)

Die hohen Himbeerwände
Trennten dich und mich,
Doch im Laubwerk unsre Hände
Fanden von selber sich.

Die Hecke konnt' es nicht wehren,
Wie hoch sie immer stund:
Ich reichte dir die Beeren,
Und du reichtest mir deinen Mund.

Ach, schrittest du durch den Garten
Noch einmal im raschen Gang,
Wie gerne wollt' ich warten,
Warten stundenlang.

Theodor Fontane, Im Garten

Diese Pflanze wächst überall in Mitteleuropa wild in großen Laubsträuchern, meist am Wald- oder Wegesrand. Die gefiederten, mattgrünen Blätter sitzen auf borstigen Zweigen, die Blüten sind klein und weiß, die Früchte samtrot und weich.

Die Himbeere zählt zu den beliebtesten Sommerfrüchten und wird vor allem für zahlreiche Süßspeisen, Saft, Sirup und Marmeladen verarbeitet. Doch auch ihre Blätter sind seit jeher für ihre heilende Wirkung bekannt.

Himbeeren wirken entspannend und krampflösend und werden vor allem während der Schwangerschaft zur Entspannung der Beckenmuskulatur erfolgreich eingesetzt. Die Blätter werden als Tee aufgebrüht und wirken beruhigend auf Nieren und

Harnwege, helfen aber auch bei Durchfall und stillen äußerlich angewendet Blutungen. Die Himbeere enthält außerdem zahlreiche wichtige Nährstoffe und Vitamine, u. a. Kalium, Calcium, Magnesium und Zink. Neben ihren stärkenden und belebenden Eigenschaften tragen wohl vor allem die rote Farbe und die Form zu ihrem Ruf als Aphrodisiakum bei.

Honig
(Mel)

Wie schön ist dein Leib, [...]
Lieblicher denn Wein,
Und der Geruch deiner Salben
Übertrifft alle Würze. [...]
Deine Lippen sind wie triefender Honigseim, [...]
Honig und Milch ist unter deiner Zunge. [...]
Alles, was an dir sproßt,
Ist wie ein Lustgarten.

Hohelied Salomos

Der Honig zählt zu den ältesten Nahrungs- und Heilmitteln der Menschheit. Dieses hochwertige, von Bienen bereitete Nahrungsmittel besteht zu fast 80 Prozent aus Glucose, Saccharose und Dextrinen, enthält jedoch auch kleine Mengen organischer Säuren und Spuren von Vitaminen und Mineralstoffen.

Aufgrund seiner entzündungshemmenden Eigenschaften ist der Honig eine wirkungsvolle Arznei, doch er zählt, da er zudem kräftigend und anregend wirkt, auch zu den natürlichen Aphrodisiaka. Schließlich sagt man ihm nach, süß wie die Liebe zu sein.

Daher ist er schon seit Jahrtausenden ein wichtiger Bestandteil von stimulierenden Getränken und Speisen. Nicht selten wurde er, beispielsweise von den Mayas oder den Indianern Südamerikas, zusammen mit anderen erotisierenden Stoffen vermischt, um deren Wirkung zu erhöhen. In der griechischen Antike galt der Honig von stimulierenden Pflanzen, wie Stechapfel, Schierling, Tollkirsche und Engelstrompete, als besonders berauschend und anregend und wurde deshalb auch Tollhonig genannt. Nicht zuletzt wußten schon die Griechen, Römer und vor allem die Germanen die berauschende Wirkung von Met, dem berühmten Honigwein aus gegorenem Honigwasser, Salbei, Lavendel und Lorbeer, zu schätzen. Mit Bilsenkraut gewürzt genossen, bescherte er den Liebesdurstigen ekstatische Stunden, und mit Kokosmilch gemischt, galt er als männliches Lebens- und Lustelexier schlechthin.

Auch in der heutigen Medizin gibt es viele Medikamente auf Honigbasis, etwa Bienengift, Weiselfuttersaft und Gelée Royale, die Abhilfe bei Impotenz und Unfruchtbarkeit schaffen sollen.

Ingwer
(Zingiber officinale)

Diese Heilpflanze, von der neben der Wurzel auch die Blätter und Blüten verwendet werden, erfreut sich vor allem in der asiatischen Küche großer Beliebtheit. Das schilfähnliche Kraut wächst hauptsächlich in tiefliegenden Regenwäldern und den tropischen Zonen Asiens.

Die Ingwerpflanze mit ihrer charakteristischen Wurzelknolle kann bis zu einem Meter hoch werden und hat sehr schmale, grüne Blätter und gelbe, intensiv duftende Blüten, die auf einem kurzen Stengel sitzen.

Die Wurzel wird entweder sauer eingelegt oder kandiert, frisch dient sie als Gewürz bei asiatischen Reisgerichten.

Ingwer ist aufgrund seiner zahlreichen Heilwirkungen sehr vielseitig als Heilmittel anwendbar.

In vielen Ländern, hauptsächlich jedoch im Fernen Osten, galt der anregende Ingwer als Aphrodisiakum, doch auch im Islam erfreute sich die Pflanze großer Beliebtheit und war sogar heilig. Die Wurzel, meist in getrockneter und geriebener Form verwendet, steigert Energie und Vitalität und wirkt anregend auf den Kreislauf, daher gilt der Ingwer auch bei Impotenz als großer Hoffnungsträger. Bei Männern fördert er nämlich die Fähigkeit, empfindsam und zärtlich zu sein, bei Frauen wirkt er stark erotisierend.

Aufgrund ihrer wärmenden Eigenschaften wird die Pflanze, die als Nahrung des Feuergottes, der die Lust entfacht, gilt, außerdem als Tee bei Erkältungskrankheiten eingesetzt, Ingwer wirkt fiebersenkend, schweißtreibend, schleimlösend und verschafft bei Husten und Bronchitis schnell Erleichterung. Gleichzeitig wird das Immunsystem gestärkt und der Kreislauf stimuliert. Außerdem regt er Magen und Darm an und fördert die Verdauung, kann Cholesterinspiegel und Blutdruck senken und wirkt schmerzstillend und entkrampfend.

Kaffeestrauch
(Coffea arabica)

Die Kaffeepflanze, die zur Gattung der Rötegewächse zählt, ist ursprünglich afrikanischer Herkunft. Die Sträucher erreichen nicht selten eine Höhe von bis zu drei Metern und haben glänzende, lederartige, gegenständige Blätter. Die kleinen, weißen Blüten sind oft wohlriechend und wachsen zu Büscheln gehäuft in den Blattachseln. Die roten, kirschenähnlichen Früchte stehen in Dolden zusammen und enthalten zwei bohnenförmige oder einen runden Samen.

Erst beim Rösten der Kaffeebohnen wird das Koffein freigesetzt, das neben Ölen Zucker und Gerbstoffen der Hauptinhaltsstoff der Samen ist und Kaffee zu einem allseits beliebten Stimulans macht. Schon die Urvölker wußten aus den Früchten in Verbindung mit Gewürzen anregende und aphrodisierende Getränke herzustellen.

Kaffee treibt den Puls in die Höhe und regt die Körperfunktionen an, Überdosierungen können allerdings zu Nervosität und Schlafstörungen führen.

Kakaobaum
(Theobroma cacao)

Kein zweites Mal hat die Natur eine solche Fülle an wertvollsten Nährstoffe auf einem so kleinen Raum zusammengedrängt wie gerade bei der Kakaobohne.

Alexander von Humboldt

Die Kakaopflanze zählt zu den Sterkuliengewächsen und wird hauptsächlich in Mexiko und Südamerika angebaut. Der immergrüne Baum wächst im Unterholz der Regenwälder, kann bis zu 50 Jahre alt werden und hat einen knorrigen Stamm und eine breite Krone. Die stark duftenden und gurkenförmigen Früchte wachsen direkt aus dem Stamm, sind rotgelb und enthalten je 30 bis 50 weiße Samen. Neben Fett und Gerbstoffen sind in den Samen vor allem das anregende Theobromin und Koffein enthalten. Schon in prähistorischer Zeit haben die Indianer in Mittel- und Südamerika aus den Kakaosamen stimulierende Getränke zubereitet, die dem Kakao bis heute einen Ruf als Aphrodisiakum beschert haben. Er galt als Götternahrung und wurde in rituellen Zeremonien erst den Göttern geweiht und anschließend verzehrt. Im alten Mexiko waren Kakaobohnen zudem als Währungseinheit in Gebrauch, mit der vor allem Liebesdienste beglichen wurden.

Kalmus

(Acorus calamus)

Die Pflanze stammt aus Asien und Amerika, ist aber inzwischen auch in Mitteleuropa, vor allem an Ufern von Seen, Teichen und Flüssen, zu finden. Die auffallend verzweigte Wurzel ist neben den oft über einen Meter langen, schwertförmigen Blättern das Hauptmerkmal der Pflanze. Die grünlichen Blütenkolben werden zehn bis zwanzig Zentimeter lang und ragen frei hervor.

Seit dem Altertum werden die Wurzelstöcke als Heilmittel ein-

gesetzt, u. a. für medizinische Bäder und bei Verdauungsstörungen. Die darin enthaltenen ätherischen Öle sowie Gerb- und Bitterstoffe unterstützen die Magen-Darm-Funktionen des Körpers und wirken belebend.

Die Indianer Nordamerikas kauten die Wurzel, um körperlicher Erschöpfung entgegenzuwirken, oder schnupfen sie in pulverisierter Form, um ihre sexuelle Lust zu steigern.

Kalmus wird vor allem Tees oder Alkohol als aphrodisierender Zusatz beigemischt und steigert als Kräuterzusatz im Badewasser das erotische Verlangen.

Kardamom
(Elettaria cardamomum)

Die Staude zählt zu den Ingwergewächsen und kommt ursprünglich aus Vorderasien und Ceylon, wo sie neben Guatemala und Westindien auch heute noch angebaut wird. Die schilfähnlichen Pflanzen werden bis zu drei Meter hoch, haben einen kräftigen Wurzelstock und einen dicken Stengel mit lanzenähnlichen, bis zu 70 Zentimeter langen Blättern. Die weißen Blüten wachsen an langen Sprossen, die kleinen, braunen, intensiv riechenden Früchte haben die Form von Kapseln.

Die Samen, die im Orient als »Paradiessamen« bezeichnet wurden, enthalten ätherisches Öl, das nicht nur den Kreislauf anregt, sondern auch verdauungsfördernd und appetitanregend wirkt. Stoffwechsel und Hormonhaushalt werden außerdem positiv beeinflußt. Kardamom ist als Gewürz vor allem in Lebkuchen,

Spekulatius sowie zahlreichen indischen und orientalischen Speisen enthalten und zudem Bestandteil von Curry.

Die anregende und potenzsteigernde Wirkung war den Arabern und Indern schon vor Jahrhunderten bekannt, weswegen Kardamom als Königin der Gewürze galt. In aphrodisierenden Tees, in Kaffee oder Milch sollten die Samen ihre einzigartige stimulierende Wirkung entfalten.

Karotte
(Daucus carota)

Diese Gemüsepflanze mit ihrer orangegelben, rübenförmigen Wurzel stammt aus Mittelasien. Die Blätter der bis zu achtzig Zentimeter hohen, ein- bis mehrjährigen Pflanze sind stark gefiedert, der hohle Stengel ist gefurcht und borstig behaart, die fast weißen Blüten wachsen in Dolden.

Die Karotte, auch Mohrrübe oder Gelbe Rübe genannt, enthält große Mengen an Karotin sowie zahlreiche Vitamine, ätherisches Öl und Spurenelemente, die sich alle in der Wurzel befinden. Das wohlschmeckende Gemüse war schon bei den Römern und Griechen als belebende und entschlackende Heilpflanze beliebt, die auch bei ernährungsbedingten Krankheiten, wie Skorbut, Vitamin A-Mangel und Blutarmut, schnell Abhilfe schaffte. Zu Mus verarbeitet sollte sie auf das männliche Glied aufgetragen potenz- und luststeigernd wirken.

Knabenkraut
(Orchis morio)

Das Knabenkraut gehört zu den Orchideengewächsen und ist vor allem auf der Nordhalbkugel verbreitet. Die Pflanze wächst auf kalkhaltigen Wiesen und in Kiefernwäldern und kann bis zu achtzig Zentimeter hoch werden, die Blüten sind je nach Art unterschiedlich gefärbt. Die Orchideenart hat zwei knollige, hodenähnliche Wurzeln, die ihr Beinamen wie Hodenkraut, Hundekraut und Stendelwurz eingebracht haben.

Die Form der Wurzeln verleitete zu der Annahme, ihr Verzehr könne die Manneskraft positiv beeinflussen. Ursprünglich ist der Name der Gattung aus der griechischen Mythologie abgeleitet, nach der ein Jüngling namens Orchis (griech. Hode) bei einer Orgie den Tod fand und von Dionysos in Gestalt einer Pflanze wieder zum Leben erweckt wurde. Übrigens galten die auch Satyrion genannten Orchideen als Pflanzen der Satyrn aus dem Gefolge des Dionysos. In der nordischen Mythologie galt das Knabenkraut als Pflanze der Liebesgöttin Freya, der es auch geweiht war. Orchideen wuchsen nach damaligem Glauben an den Stellen, an denen kopulierende Tiere ihr Sperma auf den Boden gespritzt hatten.

Die Ernte des Knabenkrauts erfolgte meist im Rahmen von spirituellen Zeremonien, bei denen auch gleich die begehrten aphrodisierenden Tränke und Speisen zubereitet wurden. Auch die Inder schätzten die Knollen des Knabenkrauts wegen ihrer samenvermehrenden und damit potenzsteigernden Wirkung. Als Heilmittel ist die Orchideenwurzel übrigens gänzlich bedeutungslos, da sie fast ausschließlich aus Stärke besteht.

Knoblauch
(Allium sativum)

Der geruchsintensive Knoblauch ist ursprünglich in Asien beheimatet und gilt schon seit Jahrtausenden in China als eine der wichtigsten Kulturpflanzen. Die Knoblauchpflanze wird bis zu einem Meter hoch, am unteren Ende des kahlen und runden Stengels wachsen die sehr langen und spitz zulaufenden Blätter. An der Stengelspitze sitzt eine Blütendolde, auf der die weiß bis violettfarbenen Blüten angesiedelt sind. Doch das Interessanteste am Knoblauch ist die Knolle: eine Hauptzwiebel im Boden, die von mehreren gleich großen Tochterzwiebeln, den Knoblauchzehen, umgeben ist.

Das Gewürz diente früher bekanntermaßen als hervorragendes Abwehrmittel gegen Vampire; dahinter steckte der Volksglaube, Knoblauch halte böse Geister fern, was später ebenso für Hexen gelten sollte. Um Neugeborene zu schützen, legte man ihnen daher oft Knoblauch in die Wiege, auch zahlreiche Amulette waren mit dem abwehrenden Kraut gefüllt, das außerdem Krankheiten von den Menschen fernhalten sollte. Im alten Rom war der Knoblauch der Fruchtbarkeitsgöttin geweiht und wurde in den verschiedensten Liebestränken verwendet.

Knoblauch ist hauptsächlich in der mediterranen Küche ein beliebtes Würzmittel sowohl für Gemüse als auch für zahlreiche Fleischgerichte. Knoblauch wird roh in ganzer Form oder gepreßt an Salate, Saucen, Dips und Marinaden gegeben oder als Gewürz zu so gut wie allen Fleisch-, Fisch- und Gemüsegerichten.

Die zahlreichen Verwendungsmöglichkeiten und Heilwirkungen machen diese vielseitig einsetzbare Knolle – trotz ihres intensiven Geruchs – zu einem beliebten Küchen- und Heilkraut. Knoblauch gilt wegen seiner belebenden Eigenschaften vielfach als Jugendelexier und Garant für Vitalität und Energie, daher zählt auch er zu den wirkungsvollsten Aphrodisiaka. Seiner entzündungshemmenden und schleimlösenden Wirkung verdankt der Knoblauch seinen Einsatz bei bakteriellen, pilzbedingten und viralen Infektionen ebenso wie bei Erkältungen, Heuschnupfen, Nebenhöhlenentzündungen oder Lungen- und Darminfektionen. Er fördert außerdem die Verdauung und läßt Blähungen und Schwellungen abklingen. Die Heilpflanze erhöht auch die Insulinproduktion des Körpers und senkt somit den Blutzuckerspiegel, der Cholesterinspiegel wird ebenfalls positiv beeinflußt. Knoblauch reinigt das Blut und hilft zuverlässig gegen Akne. Daneben senkt er den Blutdruck, stärkt den Kreislauf, verringert die Bildung von Blutgerinnseln und beugt so Schlaganfällen oder Herzinfarkten vor.

Kokastrauch
(Erythroxylum coca)

Die Kokapflanze stammt ursprünglich aus Peru und Bolivien, wo sie schon seit über 3000 Jahren kultiviert wird. Der immergrüne Strauch hat kleine, gelbe oder grünlich-weiße Blüten und ovale, kleine Blätter, in denen auch das Kokain enthalten ist. Bereits die Inkas haben die berauschende Wirkung des Kokastrauches erkannt und vielfach angewendet. So haben sie die Blätter mit Pflanzenasche, gelöschtem Kalk und Wasser vermengt und daraus Kügelchen geknetet, aus denen beim Kauen der sinnlich stimulierende, euphorisierende und nicht selten betäubende Wirkstoff langsam freigesetzt wurde. Mit Hilfe des Kokastrauches, dessen erste Blätter einer jeden Ernte der Liebesgöttin geopfert werden mußten, wurden außerdem Orakel befragt und zahlreiche Leiden wirksam gelindert. Außerdem wurden nicht selten Weine oder erotisierende Liebestränke mit den Blättern der in vielen Kulturkreisen als heilig geltenden Pflanze versetzt. In der Augenchirurgie und der Zahnheilkunde wurde das aus den Blättern gewonnene Kokain lange Zeit als wirksames örtliches Betäubungsmittel eingesetzt. Doch auch von Forschern und Medizinern, unter ihnen Sigmund Freud, wurde die in Deutschland unter das Betäubungsmittelgesetz fallende Droge bald als Aphrodisiakum entdeckt, das die sexuelle Lust extrem steigert.

Kokospalme
(*Cocos nucifera*)

Dieses Palmengewächs stammt ursprünglich aus dem tropischen Asien – in Indien wird sie seit etwa 4000 Jahren kultiviert – und ist heute in zahlreichen tropischen Gebieten verbreitet. Die schlanke Palme, die bis zu dreißig Metern hoch wird, hat meist einen schwach gebogenen Stamm und eine Krone aus drei bis sechs Meter langen Fiederblättern. Die verzweigten Blütenstände entwickeln jeweils etwa zehn kopfgroße, bis ein Kilogramm schwere Steinfrüchte. Die sogenannten Kokosnüsse bergen unter einer re-

lativ dünnen Schale ihren eßbaren Samen, der aus einem festen, sehr ölhaltigen Teil und einem flüssigen Teil, der Kokosmilch, besteht.

Die Kokospalme enthält neben ätherischen Ölen auch andere wertvolle Stoffe, wie z. B. Wachse, die in zahlreichen Heilmitteln verwendet werden. Sowohl das weiße Fruchtfleisch der Kokosnüsse als auch die Milch, die gerne zu Palmwein verarbeitet wird, gelten als beliebtes luststeigerndes Mittel, das vor allem die männliche Libido anregen soll.

Koriander
(Coriandrum sativum)

Diese alte Kulturpflanze kommt ursprünglich aus dem asiatischen und lateinamerikanischen Raum, ist heute jedoch in weiten Teilen Europas verbreitet.

Koriander, der auch Wanzenkraut oder Stinkdill genannt wird, gehört zu den Doldenblütlern und wächst vorwiegend auf Schuttplätzen, in Weinbergen oder auf brachliegenden Äckern. Die einjährige, übelriechende Pflanze wird etwa dreißg bis sechzig Zentimeter hoch und hat eine dünne, spindelförmige Wurzel. Auf dem am oberen Ende verästelten Stengel wachsen zwei- bis dreifach gefiederte Blätter mit linearen Zipfeln. Die Blüten sind weiß bis rötlich und stehen in meist fünfstrahligen Dolden, die kugeligen Früchte nehmen eine bräunliche bis strohgelbe Färbung an. In der Küche Asiens und Lateinamerikas hat sich das Kraut mit dem exotischen, unverwechselbaren Aroma bereits einen festen Platz erobert. Zusammen mit Knoblauch, Chili und

Zitrone kommt der charakteristische Geschmack des Korianders am besten zur Geltung. Allerdings sollte das Gewürz immer erst am Ende der Garzeit zugefügt werden, da sonst das Aroma verfliegt.

Aufgrund seiner belebenden Wirkung auf Körper und Geist gilt Koriander seit Jahrtausenden als beliebtes Aphrodisiakum, das unter anderem in der Bibel bereits erwähnt wird. Mit Wein vermischt wird er seit Urzeiten als hervorragendes lust- und potenzsteigerndes Mittel vor allem für Männer eingesetzt.

Die in den Samen enthaltenen ätherischen Öle wirken außerdem appetitanregend und verdauungsfördernd.

In der Küche werden Korianderfrüchte vor allem zu Wild, Kohl und Gulasch verwendet, aber auch als Wurstgewürz sowie für Lebkuchen und Gewürzbrote sind sie sehr beliebt.

Kürbis

(Cucurbita pepo)

Als ursprüngliche Heimat des Kürbises kann man Nord- und Südamerika bezeichnen, von wo aus die Frucht ihren Siegeszug nach Europa begonnen hat.

Charakteristisch für die einjährige Kürbispflanze ist der kriechende, kantige Stengel mit seinen fünflappigen, auf der Unterseite behaarten Blättern und den einzelstehenden, großen, gelben bis orangefarbenen Blüten. Die rauhe Schale der meist ovalen oder runden Früchte kann von graugrün bis orangegelb gefärbt sein und schützt das tief orangefarbene, faserige Fruchtfleisch.

Die Indianer schätzen die stimulierenden Eigenschaften der Kürbiskerne schon seit jeher und verwendeten diese unter anderem für verschiedene Fruchtbarkeitsrituale.

Neben Ölen und Vitaminen enthalten die Samen auch den Wirkstoff Tocopherol, dem stimulierende und aphrodisierende Eigenschaften nachgesagt werden. Kürbis wird in der Naturheilkunde hauptsächlich bei Blasenerkrankungen eingesetzt.

Liebstöckel
(Levisticum officinale)

Dieses mehrjährige Doldengewächs, das einst im Mittelmeerraum beheimatet war, findet man an sonnigen oder halbschattigen Orten. Die langen und ovalen Blätter sind tief gezähnt und glänzen sehr stark, die kleinen Blüten haben eine grüngelbe Färbung und wachsen auf großen, bis zu zwei Meter hohen Dolden.

Liebstöckel, der leicht nach Sellerie riecht und auch Maggi- oder Badekraut genannt wird, ist ein ausgezeichnetes Suppengewürz und paßt sehr gut zu deftigen Eintöpfen, aber auch Kartoffelgerichten sowie Schweine- und Rinderbraten. Seinem Geschmack, der stark an Fleischbrühe erinnert, verdankt er den Namen Maggikraut. Allerdings hat er ein sehr intensives Aroma und sollte daher nur sparsam verwendet werden. Am besten läßt er sich mit Petersilie, Sellerie und Majoran mischen.

Als Heilkraut schätzt man Liebstöckel seit dem Altertum hauptsächlich wegen seiner harntreibenden Wirkung und wendet ihn bei Blasenerkrankungen und Wasseransammlungen an. Daneben gilt er als appetitanregend und magenstärkend, lindert aber auch Verdauungsstörungen, Blähungen und Magenverstimmungen. Nicht zuletzt gelten die in den Wurzeln der Pflanze enthaltenen ätherischen Öle als anregend und wurden schon im Mittelalter gerne stimulierenden Liebestränken beigemischt.

Meerrettich
(Armoracia rusticana)

Diese Staude aus der Familie der Kreuzblütler stammt ursprünglich aus Südosteuropa und wächst vorwiegend an Bach- und Flußufern sowie wilden Wiesen. Die Pflanze, auch Kren oder Waldrettich genannt, hat eine dicke, fleischige, winterharte Wurzel und längliche, am Rande gekerbte Grundblätter. Die Hochblätter, die an einem bis zu einem Meter hohen Stengel wachsen, sind fiederspaltig, die weißen Blüten erscheinen in großen, rispenartigen Blütenständen und haben einen süßlichen Geruch. Wegen ihres würzigen, scharfen Geschmacks wird die –Wurzel, die reichlich Vitamin C, Mineralstoffe und ätherische Öle enthält, oft als Rohkost, Gemüse oder Sauce und zum Würzen von Fleisch- und Fischgerichten verwendet.

Schon den alten Römern galt Kren als beliebte Kulturpflanze, die mit der Liebesgöttin Venus in Verbindung gebracht wurde.

In der Heilkunde wird der Meerrettich wegen seiner verdauungsfördernden, harntreibenden und hustenlindernden Eigenschaften geschätzt, obwohl er stark haut- und schleimhautreizend wirkt. Daher sollte er auch nicht im Übermaß genossen werden. Die Wurzel gilt nicht zuletzt wegen ihrer phallischen Form als Aphrodisiakum.

Minze
(Mentha)

Die wilde Minze wächst auf sumpfigen Wiesen, an Bachufern und Teichen. Sie eignet sich mit Ausnahme der Pfefferminze, die sich vor allem gut zu einem aromatischen Tee überbrühen läßt, weniger für die Küche. Dagegen wurde die gezüchtete Form der Grünen Minze mit der Zeit zu einem beliebten Küchengewürz. Ihre Blätter sind oval bis länglich und fein gezackt, die Blüten rosa bis violett. Auch Ananas- und Apfelminze, beide mit runden, glatten Blättern, haben ein zartes Aroma.

Mit Minze werden nicht nur zahlreiche Süßspeisen verfeinert, sie eignet sich auch hervorragend für Chutneys, frische Salate, Joghurtcremes, Suppen und Gemüse. Das bekannteste Gericht ist wohl die Mintsauce aus England, die zu Lammfleisch gereicht wird. Minze sollte jedoch nicht mit anderen Kräutern kombiniert werden. Grüne Minze entfaltet auch in eisgekühlten Cocktails ein herrlich erfrischendes Aroma.

Die heilende Wirkung der Pfefferminze ist hinreichend bekannt; sie wirkt, je nach Anwendung, sowohl kühlend als auch wärmend. Wegen ihrer schweißtreibenden Eigenschaften wird sie häufig bei Fieber, Erkältungskrankheiten und Grippe eingesetzt. Die Pflanze wirkt bei äußerlicher Anwendung erfrischend und anregend und lindert daher nicht nur Ischias, Arthritis und

Gicht, sondern auch allgemeine Schmerzen wie Kopf- und Gliederschmerzen. Bei der innerlichen Anwendung kommen die gegenteiligen Wirkungen zum Zuge: beruhigend, entspannend und krampflösend wird sie eingesetzt bei Menstruationsbeschwerden, Entzündungen und Blähungen, Schlaflosigkeit, Sodbrennen, Übelkeit oder Reisekrankheit. Die enthaltenen ätherischen Öle hemmen Entzündungen aller Art und helfen daher bei Hautleiden, Fieberbläschen und Pilzerkrankungen. Außerdem gilt die Pfefferminze als erfolgversprechendes Mittel zur Stärkung der Manneskraft.

Mohn
(Papaver somniferum)

Der Schlafmohn stammt ursprünglich von der Südküste des Schwarzen Meeres und war schon in der Antike eine verbreitete Kulturpflanze. Die einjährigen Pflanzen, die bis zu 150 Zentimeter hoch werden können, haben blaugrüne, bereifte Blätter und weißlich-violette Blüten mit dunklen Flecken am Rand. Die Fruchtkapseln enthalten kleine, meist blauschwarze Samen, aus denen Öl gewonnen werden kann. Aus den unreifen Fruchtkapseln wird hingegen Opium hergestellt.

Als Schlaf- und Schmerzmittel war den alten Ägyptern und den Griechen zunächst nicht das Opium, sondern nur ein Mohnaufguß bekannt, der nicht selten berauschend wirkte. Entsprechend war der Pflanzensamen auch Teil zahlreicher Fruchtbarkeitsriten und wurde meist stimulierenden Getränken beigemischt. Mohn war ein Symbol der Großen Göttin und diente in erster Linie den Priesterinnen zur Wahrsagerei. Als Aphrodisiakum wurde Mohn entweder geraucht oder in Wein aufgelöst und getrunken.

Aufgrund seiner entkrampfenden und entzündungshemmenden Eigenschaften wird das Medikament heute hauptsächlich bei chronischen Erkrankungen, die mit starken Schmerzen verbunden sind, verabreicht. Das im Opium enthaltene Papaverin ist in Medikamenten zur Heilung von Impotenz enthalten.

Muira Puama
(Liriosma ovata)

Der strauchartige Baum stammt aus dem Amazonasgebiet und kann bis zu zehn Meter hoch werden. Das Holz und vor allem die Rinde sind den Indianern seit Jahrhunderten als phantasie- und körperanregende Aphrodisiaka bekannt und werden durch langes Kochen zu einem Liebestrank verarbeitet, der oft auch mit Alkohol versetzt wird. Schon eine kleine Menge genügt, um die nervenstärkenden und potenzsteigernden Eigenschaften dieser Pflanze zu genießen.

Muskatnuß
(Myristica fragans)

Der Muskatnußbaum, der bis zu zwanzig Meter hoch werden kann, stammt ursprünglich aus Mittelasien, wird heute jedoch auch in Südamerika vermehrt angebaut. Die stark duftenden

Blätter der Pflanze sind glänzend, oval und glatt, die kleinen und runden Früchte hellgelb. Die Samen dieser Früchte, die Muskatnüsse, werden sowohl in süßen als auch pikanten Gerichten als Gewürz verwendet. Vor allem zahlreichen Gemüsen wie Blumenkohl oder Spinat gibt eine kräftige Prise Muskat erst die richtige Note.

Die Muskatnuß war seit dem 16. Jahrhundert bei den Indern und Arabern nicht nur wegen ihres Aromas, sondern vor allem aufgrund ihrer berauschenden Wirkung ein begehrtes Gewürz und in Europa nicht selten Bestandteil der berüchtigten Hexensalben. Junge Mädchen mischten das geriebene Gewürz ihrem Geliebten ins Essen oder den Wein, um so seine Lust zu steigern und seine erotische Phantasie zu beflügeln. Daher stammt auch der Spruch: »Muskatnuß im Wein, und du bist mein!«

Die Inder bezeichneten die Muskatnuß gar als »betäubende Frucht« und schätzten sie als Aphrodisiakum. Myristicin, eine Substanz des ätherischen Muskatöls, ist heute übrigens die Ausgangssubstanz der Droge Ecstasy. Daneben verschaffen die Wirkstoffe der Muskatnuß vor allem bei Gicht, Rheuma und chronischen Erkrankungen der Atemwege Linderung.

Die Muskatnuß gilt wegen ihrer stark anregenden Eigenschaften als Aphrodisiakum und wurde schon vor Jahrhunderten den verschiedensten Liebestränken beigemischt, um die sexuelle Empfindungsfähigkeit zu verstärken.

Nelke
(Eugenia caryophyllata)

Der Gewürznelkenbaum ist ursprünglich in Südostasien und auf den Molukken beheimatet und ist heute vor allem auf Sansibar und Madagaskar verbreitet. Das immergrüne Myrthengewächs kann bis zu zehn Meter hoch werden und wächst hauptsächlich in den Tropen. Die Gewürznelke hat länglich-eiförmige Blätter und rote Blüten, die in Trugdolden zusammenstehen und später längliche Früchte ausbilden. Verwendung findet die Gewürznelke als Küchengewürz und bei der Herstellung von Likören.

Die Araber brachten die Gewürznelken im 7. Jahrhundert nach Europa, wo sie nicht nur als kostbares Gewürz, sondern wegen ihrer ätherischen Öle auch als Arzneimittel geschätzt wurden. Die entzündungshemmenden, beruhigenden und desinfizierenden Eigenschaften machten sie zu einem wichtigen Mittel zur Bekämpfung von Zahnschmerzen. Außerdem steigern die anregend und durchblutungsfördernd wirkenden Öle das sexuelle Lustempfinden und stimulieren die männliche Libido.

Olivenbaum
(Olea europaea)

Dieser aus dem Mittelmeerraum stammende knorrige Baum, der mehr als tausend Jahre alt werden kann, wächst bis zu sechzehn Meter hoch. Die ledrigen Blätter sind weidenartig und auf der Unterseite silbergrau gefärbt, die kleinen, weißen Blüten wachsen in traubigen Ständen, aus denen später die pflaumenähnlichen Steinfrüchte, die Oliven, hervorgehen.

Bei den alten Griechen war der Olivenbaum der Göttin Athena heilig, und die Zweige dieses Baumes galten oft als Zeichen des Sieges, bei Juden und Christen übrigens in erster Linie als Friedenssymbol. Zumeist werden die vitaminreichen Früchte zu Öl verarbeitet, doch stehen die fruchtfleischreicheren Sorten schon lange nicht mehr nur auf mediterranen Speiseplänen. Den Wirkstoffen der Oliven wird nachgesagt, daß sie die Haut straffen und die Libido steigern – kein Wunder also, daß man Oliven als Symbol der Potenz und Fruchtbarkeit betrachtet.

Paprika

(Capsicum annuum)

Die Pflanze, die zur Gattung der Nachtschattengewächse zählt, stammt ursprünglich aus Mittel- und Südamerika und ist heute hauptsächlich in Nordamerika und Europa als Kulturpflanze verbreitet. Die einjährigen Sträucher haben kleine Blüten und leuchtend gefärbte, meist scharf schmeckende, vielsamige Beerenfrüchte. Man unterscheidet zwischen großfrüchtigen (Gemüsepaprika) und kleinfrüchtigen (Peperoni) Sorten, die eine weiße, gelbe, grüne oder rote Färbung annehmen können. Paprikafrüchte sind besonders reich an Vitamin C und gelten aufgrund ihrer durchblutungsfördernden und anregenden Eigenschaften als Aphrodisiakum.

Petersilie
(Petroselinum crispum)

Petersilie, Suppenkraut
Wächst in unserem Garten,
Unser Annchen ist die Braut,
Soll nicht lang mehr warten,
Roter Wein, weißer Wein,
Morgen soll die Hochzeit sein.

Deutsches Volkslied

Von diesem bekannten und beliebten Küchenkraut, das ursprünglich aus dem Orient stammt, sind zwei Sorten bekannt: die Wurzelpetersilie und die Blattpetersilie, von der es sowohl eine glatte als auch eine krause Variante gibt. Die Blätter der Blattpetersilie sind dunkelgrün und glänzen an der Unterfläche auffällig, die Stengel sind kräftig.

Zum Würzen eignen sich Blätter und Stiele, zum Kochen sollte man allerdings besser die glatte, aromatischere Variante verwenden. Die krause Petersilie ist dagegen eher eine schöne Dekoration. Das Kraut paßt zu Fisch- und Fleischsuden, zum Verfeinern von Salaten, Suppen, Brühen und Marinaden, im Grunde für alle pikanten Speisen. Beim Garen entfaltet die Petersilie erst ihr volles Aroma, sie sollte jedoch stets frisch verwendet werden, zum Trocknen eignet sie sich nämlich gar nicht.

Auch um die Petersilie, die zuweilen Peterling genannt wird, ranken sich unzählige abergläubische Vorstellungen. So brachte es nach altem Volksglauben Unglück, wenn die Samen des Krauts nicht keimten, ebenso durfte die Petersilie auf gar keinen Fall verpflanzt werden, da sonst ein tragisches Unglück nicht ausblieb.

Brautpaare säten gemeinsam Petersilie aus, um schon bald mit vielen Kindern gesegnet zu sein, und auch das Haus der Frischvermählten wurde mit Petersilie geschmückt, um böse Geister zu vertreiben.

Das ätherische Öl der gereiften, stark giftigen Petersiliensamen diente schon den alten Griechen als Potenzmittel, die sich zudem mit geflochtenen Petersilienkränzen schmückten. Schon immer galt die nährstoffreiche Petersilie als verantwortlich für Schönheit und Jugend, als Aphrodisiakum wurde sie vor allem den Frauen in Liebestränke gemischt. Dabei wurde in erster Linie die aromatische Wurzel der Pflanze verwendet, die eine hohe Konzentration an ätherischem Öl enthält.

Sie fördert die Durchblutung und gilt als belebendes Tonikum. Als Breiumschlag hilft sie gegen Verstauchungen und Schnittwunden. Blätter und Wurzeln regen außerdem die Verdauung an, lindern plötzliche Allergien und werden zum Muskelaufbau bei Wöchnerinnen eingesetzt.

Pfeffer
(Piper nigrum)

Die Gattung der Pfeffergewächse stammt ursprünglich aus den Tropen und Südindien. Die verholzenden Kletterpflanzen, die in dichten, bis zu fünf Meter hohen Sträuchern wachsen, haben häutig-ledrige, an der Oberseite dunkelgrüne Blätter und eher unscheinbare kleine weiße Blüten. Die Früchte sind fast runde, einsamige, zunächst grüne und in reifem Zustand gelbe bis rote

Steinfrüchte. Der schwarze Pfeffer besteht aus den ganzen, unreif geernteten und ungeschälten Früchten, der weiße Pfeffer wird aus den reifen Körnern, die durch Fermentation aus ihrer Schale befreit werden, gewonnen.

Schon die Griechen und Römer schätzten den Pfeffer als aromatisches Gewürz, das unter anderem bei Tribut- und Steuerzahlungen als begehrter Handelsartikel Verwendung fand. Als feurige Ingredienz würzte der echte oder schwarze Pfeffer, der als erhitzend galt, zudem nicht selten Liebestränke, wie Tee und Wein. Mittelalterlichen Mönchen war aus Furcht vor der stimulierenden Wirkung beispielsweise der Verzehr von Pfefferschoten verboten.

Heilkundige schätzten hingegen die entzündungshemmenden, schmerzstillenden, krampflösenden und verdauungsfördernden Eigenschaften des Gewürzes. Das im Pfeffer enthaltene Alkaloid Piperin reizt hingegen nicht nur die Schleimhäute, sondern wirkt auch luststeigernd und stark erotisierend.

Pilze
(Mycophyta)

Die blattgrünfreien Pilze sind nicht nur unglaublich artenreich, sie gelten seit vielen Jahrhunderten als begehrte Halluzinogene und Aphrodisiaka – auch wegen ihrer phallischen Gestalt und ihres unverwechselbaren erdigen Geruchs. Hauptsächlich die alten Chinesen setzten die verschiedensten Pilzsorten, die unter anderem als Symbole für Weisheit, Glück und Unsterblichkeit galten, als stimulierende Mittel ein. Um die einzelnen Arten ranken sich viele

Legenden und mystische Sagen, wonach die Pilze, entweder als Amulette um den Hals getragen oder als Bestandteil diverser Pasten und Gerichte, vor allem eines versprachen: ein lebenslang erfülltes Sexualleben. Auch die Mexikaner schwören auf die aphrodisierende Wirkung ihres Zauberpilzes, der zunächst getrocknet und pulverisiert und anschließend mit Fruchtsäften, Kakao oder Schokolade eingenommen wird. Beispielsweise gilt auch der Shiitake-Pilz, ein traditioneller asiatischer Speisepilz, wegen seines sehr hohen Nährwerts in Japan und China als Potenzmittel und belebendes Tonikum. Trüffel, die ebenfalls zu den Pilzen gezählt werden, verströmen den Dufstoff Cumarin, der stark an die menschlichen Sexuallockstoffe erinnert. Die begehrten und teuren Knollen, auch als »Phallen« oder »Könige der Erde» bezeichnet, gelten aufgrund ihrer stark anregenden und sensibilisierenden Wirkung als köstliche Aphrodisiaka. Der griechische Philosoph Porphyrios bezeichnete die liebesfördernden Pilze seinerzeit als »Kinder der Götter«. Trüffel sollen Glück in der Liebe bringen, Pilze Glück in der Ehe.

Piment
(Pimenta dioica)

Der Pimentbaum stammt ursprünglich aus Westindien und Zentralamerika und ist heute vor allem in Mexiko, Kuba und Guatemala verbreitet. Der zu den Myrthengewächsen zählende immergrüne Baum wird bis zu zehn Meter hoch. Charakteristisch für diese Pflanze sind die großen, oval-lanzenförmigen, auf der Oberseite leuchtendgrünen Blätter und die in achselständigen Rispen stehenden Blüten. Die kugeligen Beeren, auch Nelkenpfeffer genannt, werden unreif gepflückt und anschließend getrocknet. Neben seiner Verwendung in der Küche liefert Piment auch einen wichtigen Bestandteil für Liköre und Kosmetikprodukte.

Das im Piment enthaltene ätherische Öl wirkt in erster Linie verdauungsfördernd und wurde schon von verschiedenen indianischen Völkern als Heilmittel eingesetzt. Da es zudem verstärkt anregende Eigenschaften besitzt, wird es auch als erotisches Stimulans verwendet.

Rettich
(Raphanus sativus)

Der Rettich gehört der Gattung der Kreuzblütler an und war ursprünglich in Vorderasien als Kulturpflanze beheimatet. Die meist einjährige Pflanze hat eierförmige Grundblätter, rötliche oder weißliche Blüten und eine große, rübenförmig verdickte, weißfleischige Wurzel, deren Schale jedoch verschiedene Farben annehmen kann. In erster Linie hat die phallusförmige Wurzel der Pflanze einen Ruf als Aphrodisiakum eingetragen.

Rosmarin
(Rosmarinus officinalis)

Dieses stark duftende Küchenkraut wächst ausschließlich im Mittelmeerraum wild, da es nur ein sehr mildes Klima verträgt. Die grünen und ledrigen Blätter des immergrünen Strauches sehen aus wie kleine Nadeln, sie sind an der Unterseite silbrig, die kleinen Blüten sind tiefblau oder violett.

In der Küche finden ganzen Zweige oder auch die etwas milderen jungen Triebspitzen Verwendung. Besonders beliebt ist Rosmarin in der italienischen Küche, er paßt zu Kartoffeln, Lamm, Kaninchen, Geflügel und Hackfleisch. Außerdem verfeinert er Marinaden und Beizen, auch Grillfleisch gibt er einen unnachahmlichen Geschmack. In der Kombination mit anderen südlichen Kräutern wie Thymian, Basilikum, Dost und Salbei schmeckt er besonders gut.

Wegen seines intensiven Dufts zählt Rosmarin, auch unter dem Namen Kranz- oder Brautkraut bekannt, seit Jahrhunderten zu den magischen Kräutern, die Übel und Unheil fernhalten. Bei Hochzeiten gehörte er stets zu den Gaben und versprach, von einem guten Freund geschenkt, das Brautpaar zu beschützen. Rosmarin galt außerdem als das Symbol für Liebe und Treue schlechthin und wurde daher für unzählige Liebeszauber und stimulierende Getränke oder als anregender Badezusatz verwendet. Den Römern galt das Kraut, das der Liebesgöttin Venus geweiht war, nicht nur als beliebte Gartenpflanze, sondern zierte als Symbol der Fruchtbarkeit – meist in der Hand einer Frau abgebildet – auch zahlreiche Statuen und Bilder.

Die anregende Wirkung von Rosmarin und dessen Reichtum an ätherischem Öl bezeugte schon Leonhard Fuchs in seinem »New Kreutterbuch« aus dem Jahre 1543: »Rosmarin stärkt das Hirn und allerley Sinne. Er ist gut zu zitternden und lahmen Gliedern.«

Die ätherischen Öle im Rosmarin verströmen nicht nur den

intensiven Geruch, sie stärken aufgrund ihrer entzündungshemmenden, bakterien- und pilztötenden Eigenschaften das Immunsystem des Körpers. Seine anregende Wirkung hilft vor allem bei der Bekämpfung von Fieber und Erkältungskrankheiten. Daneben findet dieses Kraut auch häufig Anwendung als belebendes Tonikum für Gehirn, Herz und das Nervensystem, da es die Durchblutung verbessert und so Spannungen, Erschöpfungszustände, Depressionen und Schlaflosigkeit und vor allem Kopfschmerzen und Migräne mildert. Außerdem lindert Rosmarin Blähungen und Schwellungen, regt den Appetit und die Verdauung an und stimuliert die Leber- und Gallenfunktion. Nebenbei gilt das aromatische Kraut auch als Verjüngungsmittel, da es den Alterungsprozeß verlangsamt.

Safran
(Crocus sativus)

Der echte Safran, der aus den getrockneten, aromatisch riechenden Brütennarben des Safrankrokusses gewonnen wird, war ursprünglich in Kleinasien verbreitet. Heute wird er hauptsächlich in Südeuropa angebaut. Die langen und dünnen Blätter der Pflanze, die in der Regel zehn Zentimeter hoch wird, werden in der Mitte von einem weißen Streifen geziert, die Blüten werden zartblau bis violett.

Die alten Kulturen schätzten den leuchtenden Safran nicht nur als Gewürz und aromatische Zutat für stimulierende Weine, sondern auch als kräftigendes und kreislaufbelebendes Heilmittel sowie als entkrampfende und menstruationsfördernde Medizin. Vor allem Männer erhofften sich durch das in den Safranfäden enthaltene berauschende ätherische Öl eine potenzsteigernde Wirkung.

Salbei
(Salvia officinalis)

Die einst in den Tropen und Subtropen beheimatete Pflanze wächst heute vor allem im Mittelmeerraum an sonnigen, felsigen Hängen zu einem großen Strauch. Die Stengel der Pflanze sind stark verzweigt und im unteren Bereich verholzt. Die schmalen, elliptischen bis eiförmigen Blätter sind gestielt, graugrün und robust, die Blüten blau oder violett und stehen in Scheinquirlen.

Zum Würzen eignen sich sowohl die Blätter als auch ganze Zweige. Salbei paßt hervorragend zu Leber, Aal und Kalbfleisch, aber auch Wild- oder Schweinebraten verleiht er die richtige Würze. In Butter sanft gebraten verfeinern die zarten Blätter jedes einfache Nudelgericht, am besten Ravioli oder Tortellini, oder verfeinern als getrocknete Kräuter Salate und Mayonnaisen. Salbei entfaltet beim Garen, vor allem in Fett, seinen vollen Geschmack. Mit Thymian und Rosmarin kombiniert wird er hauptsächlich in der südlichen Küche verwendet.

Salbei galt nicht nur in der Hexenküche als eines der wichtigsten Heilkräuter, wegen seiner antiseptischen Wirkung wurde er als Allheilmittel in zahlreiche Salben gemischt. Bis weit ins 19. Jahrhundert war es sogar üblich, sich die Zähne mit Sal-

beiblättern zu putzen, und auch heute hat er wegen seiner antiseptischen Wirkung noch einen festen Platz in der Zahnmedizin. Auch wurde ihm eine dämonenabwehrende Wirkung nachgesagt, weswegen er in keinem Haus fehlen durfte. Viele junge Mädchen glaubten außerdem an die verschiedenen Liebeszauber, die mit Salbei in Verbindung gebracht wurden. Meist wurden Salbeiblätter verbrannt und die Asche dem Auserwählten ins Essen oder den Wein gemischt, um ihn zu verzaubern.

Schon in der Antike gehörte der Salbei zu den meistverwendeten und geschätztesten Heilkräutern. Wegen seiner hervorragenden entzündungshemmenden und schleimlösenden Wirkung eignet er sich als ideales Mittel bei Erkältungskrankheiten und Fieber. Vor allem bei Hals- und Mandelentzündungen, Bronchitis, Asthma und Nasennebenhöhlenentzündungen hat er sich bewährt. Salbei stärkt außerdem das Immunsystem und beugt so Infektionen vor. Auf den Darm haben die ätherischen Öle eine stimulierende und krampflösende Wirkung und lindern somit Blähungen, Übelkeit, Durchfall, Entzündungen und Leberleiden. Auch während der Wechseljahre mildert die Heilpflanze die typischen Beschwerden wie Hitzewallungen und Nachtschweiß, daneben wirkt Salbei bei Geburten stimulierend und verzögert den Alterungsprozeß. Der belebende Salbei ist nicht zuletzt ein beliebtes Tonikum für das Nervensystem und steigert Kraft und Vitalität.

Sassafrasbaum
(Sassafras officinale)

Der Sassafrasbaum gehört zur Gattung der Lorbeergewächse. Er war einst in Nordamerika und Ostasien heimisch und ist heute vor allem im nordamerikanischen Raum verbreitet.

Der Baum mit den auffälligen Wurzelausläufern wird im Durchschnitt etwa zwanzig Meter hoch, hat überwiegend dreilappige Blätter, die sich im Herbst verfärben, und grünlichgelbe, zweihäusige Blüten. Seine erbsengroßen Früchte sind schwarz und haben einen fleischigen roten Stiel. Das Holz der Wurzel und die Wurzelrinde enthalten viel ätherisches Öl (Sassafrasöl), das zu einem großen Teil aus Safrol besteht.

In der Volksmedizin ist Sassafras ein wichtiger Bestandteil blutreinigender und harntreibender Mittel. Schon die Indianer wußten sich neben der heilenden auch der stimulierenden und stärkenden Eigenschaften dieser Pflanze zu bedienen. Auch heute noch gilt mit Sassafras versetzter Tee als aphrodisierendes Mittel, das enorm erotisierend wirkt und die emotionale Sensibilität steigert. Erotische Massagen mit Sassafrasöl sollen ebenfalls besonders anregend wirken.

Schafgarbe
(Achillea millefolium)

Diese auch als Tausendblatt oder Achillesgarbe bekannte Heilpflanze, die vor allem auf der Nordhalbkugel verbreitet ist, wächst auf Wiesen und Weiden, am Wegesrand sowie an Ödplätzen und

Rainen. Die ovalen, mehrfach gefiederten Blätter der bis zu achtzig Zentimeter hohen Staude sind zart wie eine Feder und wachsen an einem behaarten Stengel, an dessen oberem Ende in schirmförmigen Rispen zahlreiche kleine zartweiße oder rosa Blüten stehen. Von Juni bis Oktober verbreiten diese einen intensiven aromatischen Geruch.

In der Kräuterküche werden die jungen Triebe meist Gemüsesuppen, Eintöpfen oder Salaten beigegeben, allerdings sollte stets nur eine geringe Menge des Küchenkrauts verwendet werden.

Das Kraut hat ebenfalls seinen festen Platz im Aberglauben des damaligen Europa, wo es hauptsächlich für Liebeszauber und zur Dämonenabwehr verwendet wurde.

Die Schafgarbe wurde schon in der Antike wegen ihres ätherischen Öls sehr vielseitig als Heilmittel eingesetzt. Zum einen fördert sie wegen ihrer entzündungshemmenden Substanzen äußerlich angewendet die Heilung von Verbrennungen, Geschwüren, Wunden, Hautentzündungen und Schnitten. Zum anderen ist sie appetitanregend und stimuliert außerdem die Verdauung. Die enthaltenen Bitterstoffe erhöhen die Leberfunktion und wirken krampflösend bei Blähungen, Koliken und streßbedingten Verdauungsstörungen. Als Tee eingenommen senkt die Schafgarbe das Fieber und findet Anwendung bei Erkältungskrankheiten, Grippe und schwerem Husten. Doch auch als Kreislauftonikum verfehlt sie ihre Wirksamkeit nicht und gilt wegen ihrer anregenden Eigenschaften zudem als Aphrodisiakum.

Sellerie
(Apium graveolens)

Der Sellerie, der zur Gattung der Doldengewächse gehört, war ursprünglich in Südeuropa heimisch, wird inzwischen aber auf der ganzen Welt kultiviert. Die vor allem auf Salzböden und in Sumpflandschaften des Binnenlandes vorkommende zweijährige Pflanze mit bis zu einem Meter hohen Stengeln hat langgestielte, gefiederte Grund- und dreizählige Stengelblätter mit keilförmigen Blättchen sowie sechs- bis zwölfstrahlige, kurzgestielte Dolden aus gelblichweißen oder grünlichen Blüten. In der Küche werden die Blätter der Pflanze vor allem zu Kartoffelgerichten, Suppen und Salaten verwendet, während die Sellerieknolle gerne als Gemüse oder in Salaten gegessen wird. Alle Teile des echten Selleries, der auch Gemeiner Eppich genannt und in zahlreichen Sorten angebaut wird (etwa Schnitt-, Bleich- oder Knollensellerie), enthalten ein stark aromatisch duftendes und intensiv schmeckendes ätherisches Öl sowie Apiin und Vitamine.

Die Pflanze ist daher seit langer Zeit als Nutz- und Heilpflanze gegen Nierenleiden, Gicht und Rheuma bekannt, die zudem viele wertvolle Mineralien enthält. Bei den Römern und Griechen war die Knolle nicht nur dem Gott der Unterwelt geweiht, sondern durfte wegen ihrer dämonenabwehrenden Wirkung in keinem Haushalt fehlen. Neben den antiseptischen und harntreibenden Eigenschaften des Selleries wurden auch die stärkenden und vitalisierenden Wirkstoffe als potenzsteigernd und lustfördernd erkannt und eingesetzt.

Senf

(Brassica nigra)

Die zur Gattung der Kreuzblütler gehörende Senfpflanze wird vor allem im Mittelmeerraum angebaut. Es gibt sowohl einjährige als auch ausdauernde Kräuter mit ungeteilten oder fiederspaltigen Blättern und meist gelben Blüten, aus denen später Schoten mit rostfarbenen Samen wachsen.

Senf ist seit Jahrtausenden als Kultur- und Heilpflanze bekannt und soll außerdem die Libido beflügeln, weswegen er im Mittelalter in zahlreichen Klöstern als verboten galt. Das in den Körnern enthaltene Sinigrin fördert die Durchblutung, und schon der Arzt und Botaniker Leonhard Fuchs schrieb in seinem »New Kreutterbuch« darüber: »Des zahmen Senfs Blätter, roh in guter Menge gegessen, reizen zu Unkeuschheit.«

Neben seinen stimulierenden Eigenschaften wirkt der Senf hauptsächlich verdauungsfördernd und lindert zudem rheumatische und Gelenkleiden sowie Bronchialerkrankungen.

Sonnenblume

(Helianthus annuus)

Diese Pflanze aus der Gattung der Korbblütler stammt ursprünglich aus Südamerika, kam im 16. Jahrhundert über Peru nach Spanien und wird heute weltweit als Kulturpflanze angebaut. Charakteristisch für die einjährige Sonnenblume sind der bis zu drei Meter hohe, mit steifen Haaren besetzte Stengel, die großen, gestielten, rauh behaarten Blätter sowie die auffälligen Blütenköpfe, die aus gelben, zwittrigen Röhrenblütchen und großen, orangegelben Strahlenblüten gebildet werden. In den Röhrenblüten entwickeln sich schließlich die zahlreichen Samen, auch Sonnenblumenkerne genannt. Aus den ölreichen Samen wird Sonnenblumenöl gewonnen, das für seinen hohen Nährstoffgehalt bekannt ist. Die in den Blättern der Pflanze enthaltene Chlorogensäure hat der Sonnenblume einen Ruf als Aphrodisiakum beschert, das vor allem die männliche Lust steigert.

Spargel
(Asparagus officinalis)

Der Spargel, der zu der Gattung der Liliengewächse zählt, war ursprünglich in Mittel- und Südeuropa sowie Nordafrika und Westsibirien heimisch. Die bis zu einhundertfünfzig Zentimeter hohe, reich verzweigte Staude hat lange, nadelartige Flachsprossen, grünliche Blüten und dicke, scharlachrote Früchte. Der horizontal im Boden wachsende Wurzelballen entwickelt im Frühjahr bis zu sechs aufrecht wachsende, blassgelbe Hauptsprossen, die bis zu zwanzig Zentimeter lang werden können.

Die nährstoffarmen Stangen enthalten in erster Linie Vitamin B und C sowie Asparagin, das nicht nur für das typische Spargelaroma sorgt, sondern auch anregend und stärkend wirkt. Der Spargel gilt demnach sicher nicht nur wegen seiner Form als Aphrodisiakum. Allerdings ist beim Genuß dieses Gemüses Vorsicht geboten: Während der Spargel auf Männer durchaus sti-

mulierend wirkt, hat er auf Frauen eher die gegenteilige Wirkung und ruft bei ihnen Müdigkeit hervor. Die harntreibenden und blutreinigenden Eigenschaften machten die Pflanze zudem schon bei den Römern, Griechen und Ägyptern als Heilmittel für Nierenleiden und Rheuma beliebt.

Stechapfel
(Datura stramonium)

Der Stechapfel, der zu den Nachtschattengewächsen gezählt wird, stammt ursprünglich aus Amerika und Asien, ist heute jedoch in den tropischen bis gemäßigten Zonen weltweit verbreitet.

Die Pflanze wächst als Staude, Strauch oder Baum und wird von großen Blättern, den aufrechten weißen, bis zehn Zentimeter langen Blüten und ihren derbstacheligen, vielsamigen Kapseln gekennzeichnet. Sowohl die Blätter als auch die Samen des Stechapfels enthalten Alkaloide, unter anderem Hyoscyamin, Atropin und Scopolamin, und sind hochgiftig.

Der Stechapfel gilt seit Jahrtausenden in Amerika und Asien als Heilpflanze, der außerdem stark berauschende und stimulierende Eigenschaften nachgesagt werden. Schon die Indianer stellten die verschiedensten Salben und Tinkturen mit Hilfe von Stechapfelsamen, die sie als heilig verehrten, her und wendeten sie zur Luststeigerung an. Den Azteken und Mayas galt der Stechapfel gar als Götterpflanze, die in rituellen Zeremonien zur Luststeigerung geraucht oder eingenommen wurde.

In geringen Mengen wirken die Alkaloide des Stechapfels außer-

dem krampflösend und beruhigend und werden daher unter anderem in der psychiatrischen Medizin eingesetzt. In geringen Mengen geraucht, wirken Stechapfelblätter zudem asthmalindernd.

Neben seiner Verwendung als Arzneipflanze und Aphrodisiakum hat der Stechapfel auch eine wilde Geschichte als Giftpflanze: Im Mittelalter zum Beispiel war er Bestandteil der berühmt-berüchtigten Hexensalben, mit denen die zauberkundigen Frauen angeblich zu fliegen vermochten, und daher lange Jahre als Hexenkraut verschrien. Typisch für den Stechapfelrausch sind Flugträume und sexuelle Visionen, an die sich die Berauschten später nicht mehr erinnern können. Doch wurden gemahlene Stechapfelsamen nicht selten auch unliebsamen Gästen ins Essen gemischt, um sie außer Gefecht zu setzen.

Süßholz
(Glydyrrhiza glabra)

Der Süßholzstrauch gehört zur Gattung der Schmetterlingsblütler und ist vorwiegend im Mittelmeerraum sowie in Asien, Australien und den gemäßigten Zonen Nord- und Südamerikas anzutreffen.

Die Staudenpflanze kann bis zu einhundertfünfzig Zentimeter groß werden, hat unpaarig gefiederte Blätter und blaue oder violettfarbene Blüten in achselständigen Trauben, aus denen kugelige, samenreiche Früchte wachsen.

Seit Jahrhunderten gilt Süßholz als bewährtes Heilmittel, das in erster Linie verdauungsfördernd wirkt, aber auch gegen Husten erfolgreich eingesetzt werden kann. Die in den gelben Wur-

zeln der Pflanze enthaltenen Stoffe wie Glycyrrhizinsäure, Glucose und Rohrzucker dienen der Gewinnung von Lakritze. Die ätherischen Öle hingegen machen die Pflanze zu einem geschätzten Aphrodisiakum, das in zahlreichen stimulierenden Mitteln enthalten ist.

Süßkartoffel
(Ipomoea batatas)

Die Süßkartoffel, auch unter dem Namen Batate bekannt, ist vor allem in tropischen und subtropischen Gegenden heimisch. Die mehrjährige Pflanze hat niederliegende Stengel, gestielte Blätter und drei bis vier trichterförmige weiße oder rote Blüten. An der Blattansatzstelle der tiefeingeschnittenen Blätter befinden sich oft mehrere Wurzeln, die sich zu spindelförmigen, rettichartigen, gelblich bis rötlichen Knollen entwickeln. Das süßliche Fruchtfleisch der Süßkartoffel wirkt unter anderem wegen seines Reichtums an Vitamin A und anderer vitalisierender Stoffe aphrodisierend, was sich vor allem auf die Libido der Frauen sehr positiv auswirkt. Als Heilpflanze ist die Batate jedoch nicht anerkannt.

Tee
(Camellia sinensis)

Die Teepflanze, eine Art der Kamelie, stammt ursprünglich aus Asien und wird heute in Japan, China und Indien angebaut. Der kleine, immergrüne Teebaum oder Strauch hat wechselstän-

dige, etwas ledrige, lanzettförmige Blätter und weiße Blüten, die in den Blattachseln stehen. Wildwachsende Teesträucher bilden zudem als Früchte Kapseln, Steinfrüchte oder Beeren aus. Ähnlich wie Kaffee oder Kakao zählt der Tee weltweit zu den wichtigsten und bekanntesten Genußmitteln. In asiatischen Ländern dient er als beliebtes Anregungsmittel und ist oft Bestandteil von Meditationen. In Verbindung mit Gewürzen, Wein, Ginseng oder Opium wird aus dem anregenden Tee ein beliebtes Aphrodisiakum für Körper und Geist. Außer zur Erzeugung von Tee wird der Teestrauch übrigens auch für die Gewinnung von Koffein für Medikamente und Colagetränke angebaut.

Tollkirsche
(Atropa belladonna)

Die Tollkirsche zählt zu den Nachtschattengewächsen und ist im gemäßigten europäischen und asiatischen Raum verbreitet. Die hauptsächlich in Laubwäldern vorkommende, stark verzweigte Staude kann bis zu einhundertfünfzig Zentimeter hoch werden und hat große behaarte, eiförmige Blätter, einzelstehende, rötlichbraune, glokkenförmige Blüten und kirschgroße, schwarze Beerenfrüchte. Wegen ihres hohen Alkaloidgehalts (unter anderem Hyoscyamin, Atropin und Scopolamin) sind die Beeren extrem giftig. Dennoch war die Pflanze schon im Altertum als wirkungsvolles Heilmittel geschätzt. Extrakte aus Wurzeln und Blättern wurden als krampflösende sowie gefäß- und pupillenerweiternde Medizin eingesetzt. Darüber hinaus war die halluzi-

nogene Tollkirsche auch als Hexenkraut und Bestandteil der berüchtigten Hexensalbe verschrien. Dennoch war gerade im Mittelalter ein aus dieser Pflanze gebrauter Liebestrank bei jungen Mädchen sehr beliebt. Nicht umsonst hat die Pflanze den Beinamen »Belladonna«, was »schöne Frau« bedeutet. Was bei richtiger Dosierung die Liebeslust steigerte, hatte jedoch nicht selten Atemlähmung und Tod zur Folge.

Tomate
(Lycopersicon esculentum)

Das auch unter dem Namen Paradiesapfel bekannte Nachtschattengewächs stammt ursprünglich aus Peru und Ecuador und wird heute in fast allen Kultursorten weltweit angebaut. Die einjährigen, sehr frostempfindlichen Pflanzen werden dreißig bis einhundertfünfzig Zentimeter hoch, haben große, unterbrochen gefiederte Blätter und gelbe, in Wickeln stehende Blüten, aus denen später eine rote, vielsamige Beere wächst. Die Früchte enthalten vor allem Wasser sowie Vitamin C und verschiedene Vitamine der B-Gruppe. Das im grünen Zustand darin enthaltene giftige Alkaloid Solanin wird während der Reife abgebaut.

Die Tomate wurde bereits in vorkolumbianischer Zeit von den Indianern Mexikos kultiviert. Zum Liebeskraftspender wurde sie im Lauf der vergangenen drei Jahrhunderte, in denen sie zunehmend als Aphrodisiakum geschätzt wurde, was ihr Bezeichnungen wie pomme d'amour, loveapple oder Liebesapfel eintrug.

Vanille
(Vanilla planifolia)

Die Vanillepflanze, die zur Gattung der Orchideen gehört, stammt ursprünglich aus dem tropischen Amerika und wird heute hauptsächlich in Westafrika, auf Malakka und Borneo angebaut. Die Vanille, die bis zu fünfundzwanzig Meter hoch werden kann, ist eine Liane mit Luftwurzeln, fleischigen Blättern, in Trauben stehenden Blüten und schotenähnlichen Kapselfrüchten. Aus diesen glänzenden, schwarzbraunen Kapseln werden durch Trocknung und Fermentierung die Vanillestangen hergestellt.

Schon die Azteken verwendeten die von ihnen als heilig verehrte Vanille zum Würzen von Kakaobrei, aus dem sie dann aphrodisierende Getränke herstellten. Durch die Spanier wurde die Vanille Ende des 16. Jahrhunderts auch in Europa bekannt, wo sie ebenfalls bei der Kakao- und Schokoladenbereitung eine wichtige Rolle spielte. Zudem gilt der Duftstoff der Vanille, der chemisch mit den Sexuallockstoffen des Menschen verwandt ist, als aphrodisisch und wird gern als stimulierende Beigabe eingesetzt.

Die in den Früchten enthaltenen Stoffe, wie Vanillin, Vanillinalkohol, Zimtsäureesther sowie verschiedene Mono- und Disaccharide, machen die Vanille zu einem anerkannten Heilmittel bei Ekzemen und Pilzinfektionen. Sie wirkt jedoch nicht nur entzündungshemmend und hautreinigend, sondern auch durchblutungsfördernd und anregend.

Wein

(Vitis vinifera)

Venus barg sich im Wein,
Glut war versteckt in der Glut.

Aus: Ovid, Liebeskunst

Ursprünglich stammt die Weinrebe wohl aus dem Zweistromland, wo sie schon vor über 5000 Jahren kultiviert wurde. Heute wird auf der ganzen Welt Wein angebaut. Die meist sommergrünen, mit Ranken kletternden Sträucher haben eine streifig abfasernde Borke, einfach gelappte oder gezähnte Blätter, in fünfzähligen Rispen stehende Blüten und kleine, ovale Beerenfrüchte, die eine blaue, rote, gelbe oder grüne Färbung annehmen können.

Der Wein zählt zu den ältesten und weltweit bedeutendsten Rauschmitteln, dessen Genuß oft mit rituellen Handlungen verbunden war und das Erreichen der Ekstase zum Ziel hatte. Schon die alten Griechen, die das »Trank der Aphrodite« genannte Getränk dem ekstatischen Dionysos weihten, verehrten es als heilig. Zu Ehren des Gottes fanden nicht selten Massenorgien, die sogenannten Dionysien, statt, bei denen der luststeigernde Rebensaft die Gemüter anregte. Und auch die Römer priesen in zahlreichen Schriften die Wirkung dieses wunderbaren Aphrodisiakums. Kleopatra soll dem Nektar der Götter, der enthemmte Sinnesfreuden garantierte, mit Rohopium und Extrakten aus anderen Nachtschattengewächsen vermischt haben. Besonders beliebt waren damals neben Pfeffer Ysop, Minze, Thymian, Lorbeer und auch Bilsenkraut, Stechapfel und geriebene Fliegenpilze. Da blieb es natürlich nicht aus, daß manch einer nach übermäßigem Genuß oder falscher Dosierung des berauschenden Liebestranks dem Wahnsinn verfiel.

Wermut
(Artemisia absinthium)

Der Wermut, der zu den Beifußgewächsen zählt, ist ursprünglich im Mittelmeerraum beheimatet, kommt heute jedoch in den gemäßigten Breiten Europas und Asiens hauptsächlich an trockenen und steinigen Standorten vor. Die Pflanze, die auch Absinthkraut oder Bitterer Beifuß genannt wird, wächst in bis zu einem Meter hohen, filzig behaarten Halbsträuchern, die einen intensiven aromatischen Duft ausströmen. Die aufrechten Stengel sind ästig und silbergrau behaart, die Blätter gefiedert, die hellgelben Blüten mit kleinen Köpfen stehen in rispigen Ähren.

Das im Wermut enthaltene ätherische Öl, enthält das giftige, stimulierend wirkende Thujon, das zur Herstellung von Absinth verwendet wird, gilt als besonders stimulierend. Dennoch waren die giftigen Substanzen Teil zahlreicher Liebestränke und -zauber. In Verbindung mit anderen Kräutern wurde Wermut außerdem nicht selten geraucht. Am bekanntesten ist wohl der Absinthlikör, der in Maßen genossen sowohl die männliche als auch weibliche Libido anregt. Allerdings kann schon eine geringe Überdosierung zum Tode führen. Bereits in der Antike galt der Wermut wegen seiner vitalisierenden, appetitanregenden, gallentreibenden, verdauungsfördernden und antiseptischen Eigenschaften zudem als wirksames Heilmittel.

Wiesenknöterich
(Polygonum bistorta)

Diese Heilpflanze, die dem Spinat sehr ähnlich ist, wächst hauptsächlich auf Wiesen, an Ufern und in Auen auf nassen, nährstoffreichen Böden. Der Wiesenknöterich, auch Schlangenknöterich genannt, hat lange ovale Grundblätter und kantige Stengelblätter, die rosafarbenen Blüten stehen auf dichten Ähren.

Zum Verzehr sind nur die jungen Blätter, noch vor der ersten Blüte, geeignet. Wegen seines milden, spinatähnlichen Geschmacks wird Wiesenknöterich vorwiegend als Gemüse gegessen und eignet sich besonders gut für Aufläufe in Kombination mit Kartoffeln oder als Salat.

Wiesenknöterich ist sehr reich an Mineralstoffen und wird daher oft als Tonikum zur Stärkung verabreicht, weswegen er auch in begrenztem Rahmen zu den Aphrodisiaka zu zählen ist. Seine entzündungshemmenden Wirkstoffe lassen offene Wunden, Schnitte und sonstige äußere Verletzungen schneller abheilen. Auch bei Entzündungen des Rachenraums verschafft der Wiesenknöterich schnelle Linderung.

Zimt
(Cinnamomum verum)

Der Zimtbaum stammt eigentlich aus China, wird aber heute sowohl in Asien als auch Südamerika kultiviert. Wilde Zimtbäume können über zehn Meter hoch werden und haben großflächige, ledrige Blätter sowie grüne Blüten und Früchte.

Die milden Zimtstangen, die aus der Rinde der Zimtkassie gewonnen werden, sind in der europäischen Küche vor allem für Süßspeisen gefragt. Die kräftige, gemahlene rotbraune Rinde dagegen würzt hauptsächlich pikante Gerichte in der asiatischen Küche.

Zimt verspricht Energie und Vitalität, fördert die Durchblutung und wird daher seit Jahrhunderten als Rezept gegen Impotenz angewendet. Auf die Genitalien des Mannes aufgetragen soll er die Potenz steigern und die erotische Phantasie anregen. Zudem gilt er als erfolgsversprechendes Aphrodisiakum sowohl für Männer als auch für Frauen und war schon zur Zeit der Kreuzzüge ein wichtiger Bestandteil von Liebestränken.

Die Chinesen schätzen jedoch nicht nur die aphrodisierenden Eigenschaften des Zimts, sondern setzen ihn auch erfolgreich als Heilmittel ein. Er regt nämlich nicht nur den Kreislauf an, sondern schafft dank seiner schweißtreibenden und fiebersenkenden Eigenschaften auch Abhilfe bei Grippe, Bronchialleiden, Erkältung und anderen Infektionskrankheiten. Das Gewürz erzeugt außerdem Wärme im Körper und unterstützt so die Wirkung anderer Heilkräuter und wird deshalb oft Kräutermischungen beigefügt. Daneben wirkt Zimt entspannend und krampflösend, verringert Streß und lindert Schmerzen im allgemeinen; daher wird er gerne bei Zahn- oder Kopfschmerzen wie auch Neuralgien oder Muskelschmerzen eingesetzt. Außerdem regt er die Verdauung an und hilft bei Übelkeit, Erbrechen, Blähungen und Darmkoliken.

Zwiebel
(Allium cepa)

Die Zwiebel stammt ursprünglich aus dem westlichen Asien und wird heute in zahlreichen Sorten auf der ganzen Welt kultiviert. Das ausdauernde, meist zweijährige Kraut, das bis zu einhundertzwanzig Zentimeter hoch werden kann, bildet verdickte, bläulichgrüne Blattorgane sowie grünlichweiße Blüten in einer kugeligen Trugdolde aus und hat eine Schalenzwiebel. Die Zwiebel paßt roh oder gekocht zu fast allen Speisen und gilt daher als unentbehrliches Küchengewürz.

Die Zwiebel ist eines der ältesten Gemüse und galt schon den alten Ägyptern, die sie sogar zur Göttin unter den Pflanzen erhoben, als Leib- und Magenspeise. Die Griechen und Römer schätzten die scharfe Knolle hingegen vorwiegend als medizinisches Gemüse, das nicht nur verdauungsfördernd und appetitanregend wirkt, sondern wegen seiner antibakteriellen und anregenden Eigenschaften sehr gut bei Erkältungen und Husten eingesetzt werden kann. Ähnlich wie der Knoblauch war die Zwiebel, die hauptsächlich ätherisches Öl und Vitamin C enthält, schon damals ein beliebtes Aphrodisiakum und wurde als Symbol für Fruchtbarkeit verehrt.

»The roses of Heliogabal«, 1888
(Heliogabal läßt auf seine Gäste Rosen regnen)
Sir Lawrence Alma-Tadema (1836–1912)
Privatsammlung

Zuckerplätzchen als Liebeszauber

Verführerische Rezepte

Vorspeisen

Knoblauch-Selleriesuppe

Zutaten:

1 kleine Sellerieknolle
30 g Fenchelknolle
1 Knoblauchzehe
½ l Gemüsebrühe
20 g Butter
1 EL Mehl
5 EL Sahne
1 Eigelb
Muskatnuß
Salz
1 TL Fenchelgrün
1 TL Schnittlauchröllchen

Die Sellerieknolle schälen und in Stücke schneiden, die Fenchelknolle waschen und kleinschneiden, die Knoblauchzehen schälen. Die Gemüse in der Brühe kochen bis sie weich sind und anschließend abkühlen lassen. Dann mitsamt dem Kochwasser im Mixer pürieren.

Die Butter in einem Topf erhitzen, das Mehl darin anschwitzen und mit dem Gemüsemus ablöschen. Das Ganze etwa zehn Minuten gut durchkochen lassen und bei Bedarf mit etwas Wasser verdünnen. Nun die Sahne unterrühren, aufkochen lassen und den Topf vom Herd nehmen. Das Eigelb in einer Tasse mit einigen Eßlöffeln der Suppe verrühren, in den Topf geben und abschmecken.

Das Fenchelgrün fein hacken und zusammen mit den Schnittlauchröllchen über die Suppe streuen.

Wein-Sahne-Gelee mit Huhn und Scampi

Zutaten:

0,4 l trockener Weißwein
0,4 l Hummerfond
1 EL Zitronensaft
Salz
frischer weißer Pfeffer
200 g Hähnchenbrustfilet
5 Blatt weiße Gelatine
150 g Crème fraîche
je 1 Bund Sauerampfer, Dill und Kerbel
150 g gekochte und halbierte Scampi
Sauerampferblätter zum Verzieren

Wein, Hummerfond und Zitronensaft mischen. Mit Salz und Pfeffer abschmecken. Von der Flüssigkeit etwa ein Drittel abnehmen und erhitzen. Die gewaschenen und trockengetupften Hähnchenbrustfilets darin etwa sechs bis acht Minuten pochieren. Anschließend herausnehmen und feinwürfeln.

In der Zwischenzeit die Gelatine in kaltem Wasser einweichen, ausdrücken und im heißen Fond auflösen. Mit der restlichen Flüssigkeit und Crème fraîche mischen.

Zwei Formen mit je 0,3 Liter Inhalt kalt ausspülen und etwa 1,5 Zentimeter hoch mit dem Fond füllen. Die Masse im Kühlfach gelieren lassen. Dann die feingehackten Kräuter, Hähnchenbrust und Scampi abwechselnd in die Formen schichten. Mit dem restlichen Sud übergießen und gut drei Stunden gekühlt gelieren lassen.

Kurz vor dem Anrichten die Formen kurz in heißes Wasser halten, das Gelee stürzen und mit Sauerampfer verzieren.

Philadelphia-Birnen

Zutaten:

2 große reife Williams-Christ-Birnen
2 Päckchen Frischkäse, je 62,5 g
1 Eigelb
2 EL saure Sahne
1 TL Zitronensaft

¼ TL Salz
1 Msp. Cayennepfeffer
1 TL Paprikapulver
4 Scheiben gekochter Schinken
Petersilie

Die Birnen waschen, längs halbieren und das Kerngehäuse ausstechen. Dann den Frischkäse mit dem Eigelb, der sauren Sahne, dem Zitronensaft, Salz, Cayennepfeffer und Paprika pikant abschmecken. Die Mischung auf die Birnenhälften setzen, je eine zusammengerollte Scheibe gekochten Schinken darauflegen und mit der Petersilie garnieren.

Avocadosalat mit gebratenen Garnelen

Zutaten:

100 g Löwenzahnsalat
½ Kopf Friséesalat
1 Avocado
1 Limone
100 g Tomaten
4 ausgelöste Garnelen
Traubenkernöl
1 EL Weißwein
1 EL weißer Balsamico-Essig
Salz, Pfeffer
2 EL Distelöl
Kerbel als Garnitur

Die Salate waschen und anschließend gut trockenschütteln. Die Avocado entkernen, schälen, in schmale Spalten schneiden und mit dem Saft der Limone beträufeln. Die Tomaten mit heißem Wasser überbrühen, häuten, vierteln, entkernen und das Fruchtfleisch würfeln.

Die Garnelen in wenig Traubenkernöl von jeder Seite eine Minute braten, dann bei 160° (Umluft 140°, Gasherd Stufe 2) etwa zwei Minuten in den vorgeheizten Backofen geben. Den Bratenfond mit Weißwein ablöschen.

Die Garnelen mit frischem Pfeffer bestreuen. Essig mit Salz, Pfeffer und dem Öl verrühren. Die Kerbelblätter waschen, hacken und unter die Marinade geben.

Den Salat auf zwei Tellern anrichten, darauf Tomaten und Avocadospalten verteilen und mit der Marinade beträufeln. Zum Schluß die Garnelen in die Mitte setzen und mit dem Bratenfond beträufeln.

Currysuppe mit Hähnchen und Kokos

Zutaten:

2 Hähnchenkeulen ohne Haut und Fett
Salz
weißer Pfeffer
1 EL Butter
100 g kleine Gemüsewürfel (Karotte, Lauch, Stangensellerie)

¼ Knoblauchzehe, fein gehackt
½ TL Curry
1 ½ Limettenblätter
½ grüne Chilischote, in Ringen
0,2 l Kokosmilch
0,75 l kräftiger Hühnerfond
60 g gekochter Basmatireis
25 g Sahne
2 Kokosnusshälften
Kokosflocken
Curry

Die Hähnchenkeulen salzen und pfeffern. Anschließend die Butter erhitzen und die Keulen darin von allen Seiten drei bis vier Minuten goldgelb anbraten. Gemüsewürfel und Knoblauch zufügen, kurz mit anschmoren, nun Curry, Limettenblätter und Chili zugeben und dann Kokosmilch und Hühnerfond angießen.

Das Ganze dreißig Minuten köcheln lassen, anschließend den Reis einrühren und fünf Minuten mitgaren.

Die Keulen herausnehmen und warm halten. Danach die Sahne in die Suppe rühren und kurz aufkochen. Die Hähnchenkeulen in die Kokosnusshälften setzen, mit heißer Suppe übergießen und vor dem Servieren mit Kokosflocken und Curry garnieren.

Möhren-Harissa

Zutaten:

200 g Möhren
Salz
½ TL Harissa (Asienladen)
1 EL Weinessig
2 TL kleine Kapern
½ TL gemahlener Kümmel
2 EL Olivenöl
1 Knoblauchzehe
2 Kapernäpfel

Die Möhren schälen, kleinschneiden und in kochendem Salzwasser fünfzehn bis zwanzig Minuten weichgaren. Anschließend das Gemüse abgießen und im Mixer pürieren.

Die Chilipaste mit dem Essig, der Hälfte der Kapern, Kümmel und Öl verrühren, den Knoblauch schälen und dazu pressen. Nun alles mit den pürierten Möhren vermengen.

Zum Servieren die restlichen Kapern vorsichtig unter die Möhrenpaste rühren und salzen. Jeweils mit einem Kapernapfel garnieren und mit geröstetem Weißbrot servieren.

Tomaten-Oliven-Antipasti

Zutaten:

150 g Tomaten
2 EL Olivenöl
1 TL Tomatenmark
1 Knoblauchzehe
225 g mit Paprika gefüllte Oliven
2 kleine Zitronenscheiben (unbehandelt)
je ½ TL Chili- und Paprikapulver
Salz
Pfeffer

Die Tomaten kreuzweise einritzen und mit kochendem Wasser übergießen. Anschließend häuten, entkernen und das Fruchtfleisch sehr fein würfeln.

Das Olivenöl in einem Topf erhitzen, Tomatenstückchen und Tomatenmark zugeben, das Ganze fünf bis sieben Minuten unter Rühren köcheln lassen.

Den Knoblauch schälen und dazupressen, danach Oliven, Zitronenscheiben, Chili- und Paprikapulver unterrühren. Kräftig mit Salz und Pfeffer würzen und abkühlen lassen. Zum Servieren die Tomaten-Oliven in kleine Schälchen füllen und mit getoasteten Weißbrotscheiben servieren.

Erotischer Sommersalat

Zutaten:
- 1 EL Apfelsaft
- 3 EL Apfelessig
- 1 TL Honig
- 3 EL Olivenöl
- ½ roter Apfel
- 1 Kopf Römersalat
- 75 g Brennesselkäse
- 3 TL Röstzwiebeln

Den Apfelsaft mit Apfelessig, Honig und Olivenöl glattrühren und mit Salz und Pfeffer würzen. Den Apfel ungeschält achteln, entkernen und in feine Blättchen schneiden. Anschließend mit der Vinaigrette vermengen.

Den Salat putzen, waschen und gut trockenschütteln, dann untermengen. Den Brennesselkäse in Streifen schneiden und zum Salat geben. Zum Abschluß die Röstzwiebeln darüberstreuen und mit frischem Baguette servieren.

Eiercanapés mit Koriander-Salsa

Zutaten:
- 2 hartgekochte Eier
- 3 Scheiben Toastbrot
- Butter zum Bestreichen
- 1 Bund Koriander (gehackt, ca. 3 EL)

200 g Tomaten
20 g Zwiebel
½ Knoblauchzehe
¼ rote Peperoni
1 EL Limettensaft
1 TL Olivenöl
Salz, Pfeffer, Zucker

Aus jeder Toastbrotscheibe zwei runde Canapés ausstechen und dünn mit Butter bestreichen. Dann mit Pfeffer und Salz würzen. Die Eier schälen und mit dem Eischneider in Scheiben schneiden. Anschließend auf jedes Canapé eine Eischeibe legen.

Für die Salsa den Koriander waschen, trockenschütteln, die Blätter abzupfen und fein hacken. Die Tomaten kreuzweise einritzen und mit kochendem Wasser übergießen. Danach kalt abschrecken, häuten, entkernen und kleinschneiden.

Die Zwiebel und den Knoblauch schälen, Peperoni längs halbieren, entkernen, waschen und ebenfalls kleinschneiden. Alles feinhacken.

Koriander, Tomaten, Zwiebel, Knoblauch und Peperoni in einer Schüssel mit Limettensaft und Olivenöl vermischen. Mit Salz, Pfeffer und Zucker abschmecken.

Das Ganze in eine Spritztülle füllen und rosettenförmig auf die Eischeiben spritzen. Sofort servieren, da die Salsa sonst Wasser zieht.

Wan Tans mit Tomaten-Ingwer-Sauce

Zutaten:	*120 g TK-Spinat*
	100 g Hähnchenbrustfilet
	½ Orange
	3 TL Crème fraîche
	Cayennepfeffer
	2–3 TL Teriyaki-Soße
	1 TL chinesisches 5-Gewürz-Pulver
	Jodsalz
	10 Wan-Tan-Blätter (Asienladen)
Für die Sauce:	*½ kleine Gemüsezwiebel*
	25 g eingelegter Ingwer
	1 TL Öl
	350 ml Tomatensaft
	½ TL Pfeilwurzelstärke (Reformhaus)
	Zucker

Den Spinat auf einem Sieb auftauen, währenddessen das Hähnchenfleisch in kleine Stücke schneiden und mit zwei Eßlöffeln Orangensaft und Crème fraîche im Mixer pürieren. Fleischfarce und den Spinat gründlich vermischen und mit Cayennepfeffer, Teriyaki-Soße, Gewürzmischung und Jodsalz kräftig abschmekken. Jeweils ein Wan-Tan-Blatt auf die Handfläche legen, mit einem Häufchen Fleisch-Spinat-Farce füllen und etwas zusammendrehen. Wasser im Dämpftopf aufkochen. Dämpfeinsatz mit Backpapier auslegen und mit einem Holzspießchen einstechen, damit der Dampf entweichen kann. Wan Tans nicht zu dicht nebeneinander hineinsetzen und mit Wasser benetzen. Den Topf schließen, bei großer Hitze aufkochen und bei mittlerer Hitze und stets geschlossenem Topfdeckel etwa 10 bis 15 Minuten dämpfen.

Für die Soße abgezogene Zwiebel und geschälten Ingwer feinhacken. Beides in Öl kurz andünsten, ohne zu bräunen. Anschließend den Tomatensaft zugeben und zehn bis fünfzehn Minuten zugedeckt kochen. Mit dem Stabmixer pürieren. Nun die Stärke einrühren, aufkochen und mit Jodsalz und Zucker abschmecken.

Die Wan Tans auf zwei Tellern anrichten, mit der Sauce übergießen und möglichst heiß servieren.

Mandelsuppe

Zutaten:

100 g gehackte Mandeln
3 Knoblauchzehen
2 rote Paprikaschoten
2 EL Olivenöl
1 l Hühnerbrühe
1 Döschen Safran
Salz, Pfeffer
2 Scheiben Weißbrot
1 Bund Petersilie

Die Mandeln in einer beschichteten Pfanne ohne Fett langsam goldbraun rösten, abkühlen lassen und in der Küchenmaschine fein mahlen.

Dann den Knoblauch abziehen, durch die Presse drücken, Paprika putzen, waschen, vierteln und in Streifen schneiden. Beides im heißen Öl andünsten. Anschließend Brühe, Safran, Salz und Pfeffer zugeben und fünf Minuten bei schwacher Hitze kochen lassen.

Das Weißbrot im Toaster goldbraun toasten und in Würfel schneiden. Die Mandeln und die gehackte Petersilie in die Suppe geben, nochmals mit Salz und Pfeffer abschmecken. Zum Schluß die Brotwüfel darüberstreuen.

Feiner Champignoncocktail

Zutaten:

100 g Champignons
100 g Brokkoli
2 Erdbeeren
4–6 Blätter Friséesalat
4 dünne Scheiben Kasseler-Aufschnitt
1 Eigelb
1 EL flüssiger Honig
1 TL Zucker
1 EL mittelscharfer Senf

Den Brokkoli putzen, waschen, in kleine Röschen teilen und in kochendem Salzwasser ca. fünf Minuten blanchieren. Erdbeeren putzen, waschen und vierteln. Champignons trocken abreiben oder kurz waschen und gut trockentupfen. Anschließend in dünne Scheiben hobeln.

Die Salatblätter waschen, gut abtropfen lassen und zwei Cocktailgläser damit auslegen. Champignons, Broccoli, Kasseler und Erdbeeren darin anrichten.

Das Eigelb mit dem Honig und dem Zucker in einer hohen Rührschüssel mit dem Schneebesen schaumig schlagen, nun den Senf unterrühren und die Sauce über die Cocktails verteilen. Das Ganze mit frischem Baguette servieren.

Aphrodisierender Frühlingssalat

Zutaten:

250 g Spargel
½ Kopf Friséesalat
1 kleine gelbe Paprikaschote
½ Bund Radieschen
1 Frühlingszwiebel
½ kleine Zwiebel

Für das Dressing:

5 EL frisch gepreßter Orangensaft
1 EL Kleehonig
Salz, frischer weißer Pfeffer
½ TL frisch gehackter Kerbel
½ TL frisch gehackter Schnittlauch
½ TL frisch gehackter Estragon
½ TL frisch gehackte glatte Petersilie

Den Spargel vom Kopf bis zum Fußende mit einem scharfen Messer dünn schälen und die Endstücke großzügig abschneiden. In einem hohen Spargeltopf reichlich Wasser mit Butter, Zucker und etwas Salz erhitzen und die Spargelstangen hineinstellen. Je nach Dicke der Stangen fünfzehn bis zwanzig Minuten kochen.

Inzwischen die Zwiebel schälen und in Ringe schneiden. Salat, Paprika, Radieschen und Frühlingszwiebel waschen und putzen. Paprika und Frühlingszwiebeln in Ringe, die Radieschen in Scheiben schneiden. Alles in eine große Schüssel geben.

In einer Schüssel alle Zutaten für das Dressing gut miteinander vermengen und über den Salat träufeln. Dazu passen geröstete, mit frischem Knoblauch eingeriebene Toastbrotscheiben.

Möhren-Koriander-Suppe

Zutaten:

100 g geschälte, grob gehackte Schalotten
1 gehackte Knoblauchzehe
4 EL Butter oder Öl
400 g geschälte Möhren in groben Stücken
0,8 l heißer Hühnerfond
1 EL Honig
frischer Pfeffer
1 EL Zitronensaft
125 g Sauerrahm

Salz
1 in hauchdünne Scheiben geschnittene Limone
Blätter von 1 Bund Koriander

Die Schalotten und den Knoblauch in der Butter oder im Öl anschwitzen, die Möhren zufügen und kurz mitdünsten. Das Ganze mit dem Hühnerfond auffüllen und etwa fünfundzwanzig Minuten kochen, bis die Möhren weich sind. Das Gemüse herausheben, mit zwei bis drei Eßlöffeln des Fonds im Mixer pürieren und wieder zurück in den Topf geben. Die Suppe mit Honig, Pfeffer und Zitronensaft abschmecken und die Hälfte des Sauerrahms einrühren, anschließend salzen.

Die Suppe in Teller geben, mit den Korianderblättchen und Limonenscheiben belegen und jeweils mit einem Klacks Sauerrahm garnieren.

Verführerischer Salat für Verliebte

Zutaten:
125 g Wildkräuter (Gänseblümchen, Spitzwegerich, Löwenzahn, Bärlauch, Sauerampfer, Brunnenkresse, Wiesenschaumkraut)
1 kleine Zwiebel
2 EL Essig
2 EL Öl
1 Msp. Zucker

Salz
weißer Pfeffer
0,1 l Sahne

Zuerst die Wildkräuter verlesen, in schmale Streifen schneiden und für einige Minuten in lauwarmes Wasser legen. Dadurch werden ihnen die Bitterstoffe entzogen. Anschließend das Wasser abgießen und die Kräuter trockentupfen.

Die Zwiebel schälen, in kleine Würfel schneiden und mit Essig, Öl, Zucker, Salz, Pfeffer und der flüssigen Sahne verrühren. Dann über die Kräuter gießen, gut durchmischen und etwa eine Viertelstunde ziehenlassen. Mit frischem Weißbrot servieren.

Gefüllte Weinblätter

Zutaten:

2 Zwiebeln
4 El Olivenöl
1 Tasse Langkornreis
1 Tasse Wasser
Salz
25 g gehackte Pistazienkerne
25 g Rosinen
½ Becher Bresso-Frischkäse Knoblauch
110 g Weinblätter
Saft von ½ Zitrone
Zitronenscheiben zum Garnieren

Die Zwiebel schälen, feinwürfeln und in der Hälfte des Öls glasig dünsten. Den Reis zufügen und ebenfalls leicht andünsten. Das Wasser angießen, salzen, alles aufkochen lassen und bei schwacher Hitze zwanzig Minuten garen, bis der Reis die Flüssigkeit aufgesogen hat. Anschließend die Pistazien, Rosinen und den Frischkäse untermischen.

In der Zwischenzeit die Weinblätter abspülen und gut abtropfen lassen. Den Boden eines breiten Topfes mit einigen Blättern auslegen. Die restlichen Weinblätter mit der Blattunterseite nach oben auf eine Arbeitsfläche legen. Auf jedes Weinblatt 1–2 Teelöffel der Reis-Frischkäse-Füllung geben, die Blattränder über die Füllung schlagen und die Weinblätter aufrollen.

Die gefüllten Weinblätter eng in den Topf nebeneinander legen, mit Zitronensaft beträufeln und mit dem restlichen Öl sowie 100 Milliliter Wasser übergießen.

Die Weinblätter mit einem Teller beschweren und bei geschlossenem Topf und schwacher Hitze eine Stunde gar ziehen lassen. Anschließend abkühlen lassen und mit Zitronenscheiben garniert servieren. Dazu passen eingelegter Schafskäse und frisches Weißbrot.

Stimulierender Krabbensalat

Zutaten:

270 g Krabben
3 Chicoréestauden
2 Gewürzgurken
½ Tasse Mayonnaise
½ Becher Joghurt
Saft von ½ Zitrone
1 TL Paprikapulver
¼ TL Salz
6–8 Tropfen Tabasco

Die Krabben aus der Dose nehmen und in einem Sieb abtropfen lassen. Die Chicoréestauden unter fließendem Wasser gründlich abspülen, das bittere Ende herausschneiden und die Staude kleinschneiden. Die geschälten Gewürzgurken würfeln, dabei ein Stückchen ungeschälte Gurke für die Garnitur zurückbehalten.

Anschließend die Gurkenwürfel mit den Krabben und dem Chicorée mischen. Mayonnaise mit Joghurt verrühren, bis eine cremige Masse entsteht. Dann mit Zitronensaft beträufeln und mit Paprika, Salz und Tabasco würzen. Die Salatsauce über den Krabbensalat gießen, vorsichtig umrühren, mit dem Gurkenstückchen garnieren und sofort servieren.

Kalter Tomaten-Rettich-Schaum

Zutaten:

250 g reife Fleischtomaten
½ roter Rettich oder 2 Bund Radieschen
Salz
Pfeffer
125 g Crème fraîche
2 EL Campari
1 TL grüne Pfefferkörner

Die Tomaten waschen, pürieren und durch ein Sieb streichen, so daß Haut und Kerne darin zurückbleiben. Dann das aufgefangene Mus in einen Mixer füllen.

Den Rettich putzen, waschen, schälen, hobeln, mit Salz, Pfeffer und Crème fraîche würzen und ebenfalls in den Mixer füllen. Das Ganze zu einer cremigen Masse pürieren.

Den Tomaten-Rettich-Schaum mit dem Campari und den Pfefferkörnern abschmecken und eisgekühlt servieren.

Farfalle-Fenchel-Salat

Zutaten:

80 g Farfalle
Salz
2 kleines Putenmedaillon (je 50 g)
2 EL Öl
Pfeffer

2 Fenchelknollen
200 g Möhren
12 EL Brühe
2 EL Essig
2 TL mittelscharfer Senf

Die Farfalle in reichlich gesalzenem Wasser bißfest kochen. Anschließend abgießen und abtropfen lassen.

In der Zwischenzeit das Fleisch waschen, trockentupfen und pfeffern. Das Öl in einer Pfanne erhitzen und das Fleisch darin 2–3 Minuten von jeder Seite anbraten. Danach herausnehmen, salzen und in Streifen schneiden.

Die Fenchelknolle und die Möhren putzen, waschen und in dünne Scheiben hobeln. Alle vorbereiteten Zutaten mischen. Die Brühe mit Essig, Senf, Salz und Pfeffer verrühren, dann abschmecken und über den Salat geben.

Rucolasalat mit Feigen und Ziegenkäse

Zutaten:

1 Bund Rucolasalat
½ kleine rote Zwiebel
4 frische schwarze, grüne oder violette Feigen
½ kleines Baguette
75 g weicher Ziegenkäse

Für das Dressing: *1 EL frisch gepreßter Zitronensaft*
Salz
2 EL Olivenöl
frischer Pfeffer

Den Rucolasalat putzen, gründlich waschen und gut abtropfen lassen. Die Zwiebel schälen und in dünne Ringe schneiden, die Feigen vierteln. Das Baguette in schmale Scheiben schneiden und goldbraun toasten.

Für das Dressing zuerst das Salz mit dem Zitronensaft in einer Schüssel vermengen. Das Öl langsam zugeben und rühren, bis es sich mit dem Zitronensaft verbindet. Anschließend abschmecken und nach Belieben würzen.

Nun den Rucola zum Dressing geben und gut untermischen. Anschließend den Salat auf zwei Teller geben, mit den Feigen und den Zwiebelringen dekorieren und mit reichlich frischem Pfeffer bestreuen. Die Baguettescheiben mit dem Ziegenkäse bestreichen und dazureichen.

Hauptgerichte

Meerrettich-Pute mit Bouillongemüse

Zutaten:

175 g Petersilienwurzeln
2 Pimentkörner
1 Lorbeerblatt
½ l Hühnerfond oder -brühe
250 g Steckrübe
125 g Möhren
150 g Rosenkohl
300 g Putenbrustfilet
125 g Sojacreme neutral (Reformhaus)
50 g geriebener Tafel-Meerrettich
¼ Zitrone
Jodsalz
frischer Pfeffer
½ Bund glatte Petersilie

Die Petersilienwurzeln schälen und feinwürfeln. Zusammen mit den Pimentkörnern, Lorbeerblättern und dem Hühnerfond aufkochen und anschließend zehn Minuten zugedeckt köcheln lassen. Die Steckrübe und die Möhren putzen und in große, mundgerechte Stücke teilen. Zusammen mit dem geputzten Rosenkohl in den Hühnerfond geben und zehn Minuten garen. Große Gemüsestücke mit dem Schaumlöffel herausnehmen und warm stellen.

Nun das Fleisch der Länge nach in zwei Zentimeter dicke Streifen schneiden und in der siedenden Brühe drei Minuten garen. Anschließend herausnehmen und warm stellen. Die Lorbeerblätter entfernen und den Fond mit dem Stabmixer pürieren. Die

Sojacreme und den Meerrettich zugeben und mit Zitronensaft, Jodsalz und Pfeffer abschmecken. Die Sauce darf nicht mehr kochen.

Zum Schluß die feingehackte Petersilie über Fleisch und Gemüse streuen und die heiße Meerrettichsauce darübergießen.

Knoblauch-Rigatoni mit Nüssen

Zutaten:

200 g Rigatoni
Salz
3 Knoblauchzehen
3 Schalotten
4 EL Walnußöl
2 EL feingehackte Walnüsse
¼ l Sahne
½ Tasse Gemüsebrühe
frischer schwarzer Pfeffer
1 EL gehackte Petersilie
2 EL frisch geriebener Pecorino
12 Walnußhälften

Die Rigatoni in reichlich gesalzenem Wasser kochen, bis sie bißfest sind. Dann auf ein Sieb gießen, abtropfen lassen und warm halten.

Während die Nudeln kochen, die Knoblauchzehen und Schalotten schälen und feinhacken. Das Öl in einem Topf erhitzen und *die Zwiebeln darin glasigdünsten. Den Knoblauch und die Walnüsse zugeben und unter Rühren kurz mitbraten. Dann die Sahne und die Gemüsebrühe angießen und zwei Minuten kochen lassen. Die Sauce mit Salz und Pfeffer abschmecken.*

Die Nudeln auf vorgewärmte Teller verteilen und die Sauce darübergießen, anschließend mit Petersilie und dem Käse bestreuen und die Walnußhälften darauf verteilen.

Kalbfleisch mit Amors Sauce

Zutaten:

3 EL Öl
20 g Butter
1 kleine Zwiebel
1 kleine Knoblauchzehe
500 g Kalbsbraten
1 TL Tomatenmark
3 EL Wasser
6 EL Essig
1 EL gehackte Petersilie
Salz
Pfeffer
¼ l Brühe
10 g Bitterkakao

Die Zwiebel und die Knoblauchzehe schälen und feinhacken. Anschließend das Öl und die Butter in einer Pfanne erhitzen und beides darin andünsten. Nun das Kalbfleisch hinzugeben und vollen allen Seiten scharf anbraten.

Das Tomatenmark mit dem Wasser verdünnen und mit dem Essig und der Petersilie zu dem Schmorgut geben. Das Ganze salzen, pfeffern und bei geschlossenem Deckel bei geringer Hitze gut eine Stunde schmoren. Den Kalbsbraten dabei hin und wieder wenden und nach und nach die Hälfte der Brühe zugießen. Wenn das Fleisch gar ist, aus der Pfanne nehmen, in dünne Scheiben schneiden und auf einer vorgewärmten Servierplatten anrichten.

Den Kakao in der restlichen Brühe auflösen, in den Bratensatz rühren und kurz aufkochen. Anschließend die Sauce über das Fleisch gießen und mit Kroketten oder Herzoginkartoffeln servieren.

Lamm mit Apfelchutney

Zutaten:

1 kleine Zwiebel
½ Staudenselleriestange
½ Apfel
2 EL Butter
je 1 Msp. Curry und Kurkuma
1 ½ EL Ananassaft
Salz
50 g Basmatireis
1 Zwiebel

3 Lorbeerblätter
6 Nelken
90 ml Kalbsfond
1 Lammkarree mit 4 Rippenknochen
schwarzer Pfeffer
1 EL Olivenöl
¼ TL Thymian
½ Knoblauchzehe, feingehackt
½ feingewürfelte Schalotte
je ½ rote und gelbe Paprikaschote, geschält und gewürfelt
je 1 TL geröstete Mandelsplitter und Pinienkerne

Die kleine Zwiebel, den Staudensellerie und den Apfel schälen und feinwürfeln. Einen halben Eßlöffel Butter erhitzen und die Würfel darin anschmoren. Das Ganze mit Curry und Kurkuma bestäuben und mit Ananassaft ablöschen. Zum Schluß salzen und beiseite stellen.

Nun einen Eßlöffel Butter zerlassen und den Reis darin andünsten. Die Zwiebel halbieren, jede Hälfte mit einem Lorbeerblatt und drei Nelken spicken und auf den Reis setzen. Nun den Fond angießen und etwa fünfzehn Minuten zugedeckt garen. Anschließend beiseite stellen und warm halten.

Das Lammkarree salzen und pfeffern. Dann das ÖL mit der restlichen Butter erhitzen, Lorbeerblatt und Thymian zugeben und das Lammfleisch darin etwa zwanzig Minuten rosa braten. Anschließend herausnehmen und ruhen lassen.

Im Bratensatz den Knoblauch mit den Schalotten- und Paprikawürfeln anschmoren. Das Lammkarree zugeben und mit den Gemüsen bedecken. Das Fleisch in vier schmale Scheiben zerteilen und je zwei mit einer gedünsteten Zwiebelhälfte, etwas Reis und dem lauwarmen Chutney anrichten. Anschließend mit Mandeln und Pinienkernen bestreuen und servieren.

Kerbelrisotto mit Blattspinat

Zutaten:

200 g Spinat
Salz
2 geschälte Schalotten
2 EL Butter
2 EL Olivenöl
300 g Reis
knapp 1 l heißer Gemüsefond
0,25 l trockener Weißwein
150 ml Sahne
4 EL gehackte Kerbelblättchen
frischer Pfeffer
geriebene Muskatnuß
geriebener Parmesan

Den Spinat eine Minute in kochendes Salzwasser geben und dann abgießen. Anschließend kalt abschrecken und abtropfen lassen. Nun erst die Schalotten in Butter glasig dünsten, dann den Reis zugeben und kurz mitdünsten.

Gemüsefond, Sahne und Weißwein jeweils in kleinen Mengen

zugeben, je nachdem, wieviel Flüssigkeit der Reis aufsaugt. Dabei ständig umrühren, bis der Risotto schön cremig ist.

Kurz vor Ende der Garzeit Kerbel und Spinat unterheben und das Ganze mit Salz, Pfeffer und Muskat würzen. Auf vorgewärmte Teller geben und mit dem geriebenen Käse bestreuen.

Geräucherter Wildlachs mit Orangenglasur

Zutaten: *500 g Wildlachs ohne Gräten*

Für die Glasur: *Saft von 2 Orangen, frisch gepreßt*
1 TL Orangengelee
Schale von ½ unbehandelten Orange

Für die Marinade: *½ Stange Zitronengras*
1 Kaffirlimette (Asienladen)
1 EL Zucker
1 EL grobes Meersalz
je 1 EL zerstoßene Koriander- und Fenchelsamen
½ TL grob geschroteter, frischer schwarzer Pfeffer
5 g in Scheiben geschnittener Ingwer
1 EL Ingwersirup
je ½ Bund gehackter Dill und frische Korianderblätter

Außerdem: *1 TL Pflanzenöl*
1 TL rote Pfefferkörner
Fenchelgrün

Den Orangensaft, das Gelee und die in feine Streifen geschnittene Orangenschale etwa fünfzehn Minuten lang einkochen und dann beiseite stellen. Später nochmals kurz erhitzen.

Den Lachs auf der Hautseite im Abstand von einem Zentimeter leicht einritzen. Für die Marinade das Zitronengras waschen, abtropfen und kleinschneiden, die Kaffirlimette in hauchdünne Scheiben schneiden. Dann zusammen mit den anderen Marinadezutaten vermengen und auf die Innen- und Außenseite des Lachses streichen. Das Ganze zugedeckt zwölf Stunden marinieren, nach sechs Stunden wenden. Dann die Marinade abstreifen.

Nun das Räuchermehl im Bräter erhitzen bis es raucht und den Lachs auf einem Gitterrost über dem Räuchermehl zwanzig Minuten zugedeckt räuchern. Anschließend den Fisch in zwei Portionen teilen.

In einer beschichteten Pfanne das Pflanzenöl erhitzen, den Lachs auf der Fleischseite mit der erwärmten Orangenglasur bestreichen und auf der Hautseite etwa sechs Minuten braten. Die Haut sollte knusprig, das Fleisch noch leicht glasig sein. Auf vorgewärmten Tellern anrichten, mit rotem Pfeffer bestreuen und mit Fenchelgrün verzieren. Dazu passen junge Kartoffeln.

Farfalle mit grünem Spargel

Zutaten:

500 g grüner Spargel
200 g Farfalle
Salz
100 g Rotbarschfilet
Pfeffer
12 EL Brühe
je 1 EL Saft und abgeriebene Schale von 1 unbehandelten Zitrone
2 EL gehackte Petersilie

Den Spargel waschen, im unteren Drittel schälen und die Enden abschneiden, anschließend in gleichmäßig große Stücke schneiden. Dann die Nudeln in sprudelndem Salzwasser nach Packungsanweisung bißfest kochen, den Spargel acht Minuten mitgaren.

Die Rotbarschfilets waschen, trockentupfen und in gleichmäßige Stücke schneiden, anschließend würzen. In der heißen Brühe etwa fünf Minuten garziehen lassen, dann Zitronensaft und -schale zugeben.

Die Nudeln und den Spargel abgießen, dabei drei Eßlöffel Kochwasser auffangen. Zum Schluß die Fischfilets, Petersilie und das Kochwasser zugeben und noch einmal kräftig abschmecken.

Ingwer-Roastbeef

Zutaten:

400 g kaltes Roastbeef
2 Knoblauchzehen
3 TL Korianderkörner
2 TL Ingwer (gehackt)
3 TL Sesamöl

Das Roastbeef in sehr feine Scheiben schneiden und beiseite legen. Für die Marinade die Knoblauchzehen schälen und feinhacken, die Korianderkörner in einem Mörser grob zerstoßen. Beides mit dem gehackten Ingwer und dem Sesamöl in einer Schüssel vermischen. Anschließend die Roastbeefscheiben damit bestreichen und fächerförmig auf zwei Tellern anrichten. Dazu paßt ein frischer Salat.

Kräuterfisch mit Zitronenkartoffeln

Zutaten:

300 g Kartoffeln
1 Knoblauchzehe
3 TL Olivenöl
Salz, frischer Pfeffer
½ Zweig Rosmarin
200 ml Gemüsebrühe
Saft und abgeriebene Schale von ½ unbehandelten Zitrone

300 g Seelachsfilet
½ Bund glatte Petersilie
1 TL Kapern

Die Kartoffeln waschen, schälen und längs vierteln, den Knoblauch abziehen und in Scheiben schneiden. Dann die Kartoffeln in zwei Teelöffel heißem Öl anbraten und würzen. Erst den Knoblauch und den Rosmarin zufügen, dann die Brühe und den Zitronensaft verrühren und angießen. Das Ganze abgedeckt bei geringer Hitze etwa zwanzig Minuten garen.

Das Fischfilet waschen, trockentupfen und in zwei Portionen teilen. Dann salzen und pfeffern und im restlichen Öl etwa sieben Minuten braten. Die Petersilie waschen, trockentupfen und feinhacken. Die Kapern ebenfalls hacken, anschließend mit Petersilie und Zitronenschale mischen. Den Fisch damit bestreuen und mit den Kartoffeln auf zwei Tellern anrichten.

Spaghetti mit Pesto Amaranta

Zutaten:
200 g Spaghetti
2 EL helle Rosinen
½ Tasse Brühe
1 EL Olivenöl
1 Knoblauchzehe
½ Tasse gemahlene Mandeln

3 EL frisch gehackter Oregano
½ TL Kreuzkümmel
½ TL Paprikapulver
Salz
3 EL geriebener Parmesan
einige Mandelblättchen zum Garnieren

Die Spaghetti in reichlich sprudelndem Salzwasser bißfest kochen. Die Rosinen in die heiße Brühe geben und ziehen lassen. Währenddessen das Öl in einer Pfanne erhitzen, den Knoblauch schälen und in das heiße Öl pressen. Den Knoblauch kurz andünsten und anschließend zu den Rosinen geben.

Nun die Mandeln Oregano, Kreuzkümmel, Paprika, Salz und zum Schluß den Käse hinzugeben. Das Ganze im Mixer gründlich pürieren. Die Nudeln auf zwei Teller verteilen, mit der Sauce übergießen und mit einigen Mandelblättchen bestreuen.

Grüner Spargel mit Mozzarella

Zutaten:

400 g geputzter grüner Spargel
Salzwasser
1 Prise Zucker
1 Stück Butter
⅛ l Milch
1 Eigelb

10 g flüssige Butter
1 TL Speisestärke
1/8 l Sahne
Salz
1 TL Zitronensaft
frischgeriebene Muskatnuß
125 g Mozzarella
1 TL feingehackter Kerbel
1 feingewürfelte Tomate
1 TL Kerbelblättchen

Das Salzwasser mit Zucker und Butter erhitzen und den Spargel darin etwa zehn Minuten kochen. Anschließend herausnehmen und abtropfen lassen.

Für die Sauce Milch, Eigelb, flüssige Butter und Speisestärke vermengen und unter Rühren zum Kochen bringen. Dann die Sahne zugießen und mit den Gewürzen fein abschmecken. Abschließend Mozzarella und gehackten Kerbel dazugeben, über den Spargel gießen und im vorgeheizten Backofen bei 200° (Umluft 170°, Gasherd Stufe 3) fünf Minuten überbacken. Zum Schluß mit den Tomatenwürfeln und Kerbelblättchen bestreuen und sofort servieren.

Würziger Auberginenauflauf

Zutaten:

125 g Bandnudeln
1 l Wasser
Salz
1 mittelgroße Aubergine
4 EL Öl
½ Zwiebel
250 g gemischtes Hackfleisch
Salz, Pfeffer
Oregano
Rosmarin
Petersilie
1 Tomate
½ Stange Porree
1 kleine Fenchelknolle
2 Eier
60 ml Schlagsahne
2 EL geriebener Käse
Margarine

Die Nudeln in sprudelndem Salzwasser bißfest garen und abgießen. Dann die Auberginen waschen, trockentupfen und in feine Scheiben schneiden. Die Hälfte des Öls in einer Pfanne erhitzen und die Gemüsescheiben darin goldbraun rösten.

In einer weiteren Pfanne das restliche Öl erhitzen und die Zwiebeln darin glasigdünsten. Das Hackfleisch dazugeben, scharf anbraten und mit Salz, Pfeffer, Oregano, Rosmarin und Petersilie abschmecken.

Nun die Tomaten, den Porree und den Fenchel waschen und putzen. Die Tomaten in Scheiben, den Porree in Ringe und den Fenchel in dünne Scheiben schneiden.

Die Hälfte der Nudeln in eine gefettete Auflaufform schichten, darauf das Hackfleisch und das Gemüse und zum Abschluß die restlichen Nudeln darüber geben.

Die Eier mit der Sahne und dem Käse verrühren, über den Auflauf gießen und mit Margarineflöckchen bestreuen. Das Ganze im vorgeheizten Backofen bei 200° (Umluft 180°, Gasherd Stufe 3–4) überbacken.

Fisch-Porree-Schnecken

Zutaten:

3 kleine Paprikaschoten (rot, gelb, grün)
1 Porreestange
Jodsalz
30 g Kapern
1–2 TL Sardellenpaste
½ Bund Basilikum
3 TL Tomatenketchup
frischer Pfeffer
2 Fischfilets à 180 g (Seelachs, Kabeljau oder Lengfisch)
1 TL Olivenöl
300 ml Fischfond oder Gemüsebrühe

Die Paprika waschen, putzen und entkernen. Zwei Schoten in kleine Stücke, die andere in große Stücke schneiden. Dann den Porree putzen, längs halbieren und zwei Drittel in etwa 15 Zentimeter lange Streifen schneiden, den Rest fein würfeln. Die Por-

reestreifen in sprudelndem Salzwasser dreißig Sekunden kochen, anschließend kalt abspülen und auf einem Küchentuch trocknenlassen.

Die Kapern grobhacken und danach mit der Sardellenpaste, dem feingehackten Basilikum und einem Teelöffel Ketchup verrühren und mit Pfeffer abschmecken. Die Fischfilets längs halbieren, mit der Kapernpaste bestreichen, mit Porree belegen und aufrollen.

Das Öl in einem großen Topf erhitzen und die restlichen kleinen Paprika- und Porreewürfel darin andünsten. Mit dem Fischfond ablöschen, den restlichen Ketchup einrühren und das Ganze fünf Minuten zugedeckt kochen. Nun die großen Paprikastücke zugeben und im offenen Topf drei Minuten sprudelnd kochen. Danach den Sud mit Jodsalz und Pfeffer abschmecken.

Die Fischschnecken auf das Gemüse setzen und zugedeckt bei kleiner Hitze zehn Minuten gar ziehen lassen. Dazu paßt Wildreis.

Chili-Garnelen

Zutaten:

- *8 Cocktailgarnelen*
- *2 EL Olivenöl*
- *½ TL abgeriebene Orangeschale (unbehandelt)*
- *1 TL Zitronensaft*

½ Lorbeerblatt
½ Knoblauchzehe
Pfeffer
1 TL Chili (gemahlen)
Salz

Die Garnelen waschen, trockentupfen und auf Bambusspieße stecken. Dann das Öl mit der Orangenschale, dem Zitronensaft und dem zerriebenen Lorbeerblatt verrühren. Den Knoblauch schälen und dazupressen. Abschließend die Marinade mit Pfeffer und Chili würzen.

Nun die Garnelen mit der Marinade beträufeln und vor dem Servieren leicht salzen. Dazu passen ein bunter Salatteller und Baguette.

Poularden mit Schnittlauchsauce

Zutaten:
2 kleine Poulardenbrustfilets
30 g Lachs
Salz
Pfeffer
30 g kalte Butter
½ Schalotte
0,25 l Weißwein
0,25 l Hühnerbrühe
0,25 l Schlagsahne
½ Bund Schnittlauch

Die Poulardenfilets unter kaltem Wasser abspülen, trockentupfen und jeweils eine Tasche hineinschneiden. Den Lachs halbieren, in die Taschen füllen, mit Holzspießchen zusammenstecken und mit Salz und Pfeffer würzen.

Nun 25 Gramm Butter zerlassen und die Filets darin bei schwacher Hitze etwa zwanzig Minuten braten. Das Fleisch herausnehmen und warm stellen.

Die Schalotten abziehen, feinwürfeln. 10 Gramm Butter im Bratensatz zerlassen und die Schalotten darin andünsten. Das Ganze erst mit Weißwein und Hühnerbrühe ablöschen, dann die Sahne angießen und einkochen.

Den Schnittlauch abspülen, in Röllchen schneiden und unterrühren. Zuletzt die restliche Butter in Stückchen unterschlagen und die Sauce mit Salz und Pfeffer würzen. Dazu werden dünne Bandnudeln gereicht.

Chicorée-Maronen-Pfanne

Zutaten:

400 g Putenschnitzel
Salz, Pfeffer
2 EL Olivenöl
500 g Chicorée
1 roter Apfel
½ Dose Maronen

1 Schuß Marsala
2 EL Crème fraîche

Die Putenschnitzel in Stücke schneiden, salzen, pfeffern und in heißem Öl goldbraun anbraten. Den Chicorée waschen, putzen und in Streifen schneiden. Den Apfel heiß abwaschen, entkernen und in kleine Stücke schneiden. Die Maronen abtropfen lassen.

Nun den Chicorée zum Fleisch geben und unter Rühren drei Minuten mitbraten. Anschließend Apfel und Maronen zufügen und mitdünsten. Das Ganze mit Salz, Pfeffer und Marsala abschmecken. Auf zwei Tellern anrichten und mit einem Klacks Crème fraîche garnieren.

Seezungenröllchen auf Limonensauce

Zutaten:

6 Seezungenfilets (je etwa 70 g)
Salz, Pfeffer
120 g Rotbarschfilet
50 ml Schlagsahne
1 Ei
15 g Spinat
10 g Hummer- oder Krebspaste
1 g Safranpulver
10 g Butter
125 ml Weißwein

Für die Sauce: *1 Schalotte*
150 g kalte Butter
75 ml Weißwein
Saft von ½ Limone

Die Seezungenfilets unter kaltem Wasser abspülen, trockentupfen, salzen, pfeffern und mit der Hautseite nach oben auf eine Arbeitsplatte legen.

Das Rotbarschfilet ebenfalls unter kaltem Wasser abspülen, trockentupfen, durch den Fleischwolf drehen und durch ein Sieb streichen. Die Masse mit der Sahne und dem Ei vermengen.

Den Spinat verlesen, putzen, eine Minute in kochendem Wasser blanchieren und feinhacken. Danach Fischmasse in drei Portionen teilen. Eine Portion mit Spinat, die zweite mit Hummerpaste und die dritte mit dem Safran vermengen. Die Filets jeweils mit der gleichen Masse bestreichen, zusammenrollen und die Röllchen dicht nebeneinander in eine gebutterte Auflaufform setzen. Den Weißwein von der Seite angießen, die Form mit Alufolie verschließen und im vorgeheizten Backofen bei 175° (Umluft 160°, Gasherd Stufe 2) etwa zwanzig Minuten garen.

Für die Sauce die Schalotten abziehen und feinhacken. 10 Gramm Butter zerlassen und die Schalotten darin andünsten. Nun Weißwein und Limonensaft zugießen und stark einkochen lassen. Die restliche Butter in Flöckchen unterschlagen bis eine cremige Sauce entstanden ist und abschließend mit Salz und Pfeffer würzen. Dazu wird Kräuterreis gereicht.

Kürbisgnocchi mit Tomatensauce

Zutaten:	*ca. 350 g Kürbis* *125 g Ricotta* *75 g geriebener Parmesan* *1 Ei* *100 g Mehl* *Salz* *frischer Pfeffer* *Muskat* *Fett für die Form* *Butterflöckchen*
Für die Sauce:	*225 g Fleischtomaten* *1 TL Olivenöl* *Salz* *Pfeffer* *½ Bund Basilikum*

Den Kürbis in große Schnitze schneiden, die Kerne entfernen, und anschließend auf ein mit Folie ausgekleidetes Backblech legen. Im vorgeheizten Backofen auf der mittleren Schiene bei 175° (Umluft 160°, Gasherd Stufe 2) etwa fünfzig Minuten backen, bis er weich ist. Anschließend die Schale entfernen und den Kürbis pürieren. Das Mus in einem feinmaschigen Sieb gut abtropfen lassen.

Nun das Mus mit Ricotta, der Hälfte des geriebenen Käses und dem Ei vermischen. Soviel Mehl beigeben, bis der Teig nicht mehr klebt, aber noch weich ist. Den Teig abschmecken, mit zwei Teelöffeln Klößchen formen und in kochendem Salzwasser ziehenlassen. Sobald die Gnocchi an die Oberfläche steigen, herausnehmen und in eine gefettete feuerfeste Form geben.

Für die Sauce die Tomaten kurz überbrühen, enthäuten, vierteln und entkernen. Das Fruchtfleisch in Würfel schneiden und in heißem Öl kurz dünsten. Mit Salz, Pfeffer und dem geschnittenen Basilikum abschmecken und über die Gnocchi verteilen. Nun den restlichen Käse und einige Butterflöckchen darüberstreuen. Im vorgeheizten Backofen auf der mittleren Schiene bei 220° (Umluft 200°, Gasherd Stufe 4) etwa fünfzehn bis zwanzig Minuten überbacken.

Hummerkrabben in Currysahne

Zutaten:

½ Bund Frühlingszwiebeln
15 g Butter
8 rohe, gepulte Hummerkrabben
½ EL Curry
100 ml Weißwein
Salz
1 Prise Cayennepfeffer
125 g Crème fraîche
1 EL Pistazienkerne

Die Frühlingszwiebeln putzen und in feine Ringe schneiden. Dann die Butter in einer Pfanne erhitzen und die Zwiebeln darin weich dünsten. Die Hummerkrabben hinzufügen und so lange mitbraten, bis sie sich rot verfärbt haben. Anschließend herausnehmen und zugedeckt warm stellen.

Den Curry in die Pfanne geben, ganz kurz andünsten und sofort mit Wein ablöschen. Ohne Deckel einkochen und mit Salz und Cayennepfeffer würzen, anschließend die Crème fraîche einrühren. Die Hummerkrabben in der Sauce anrichten und auf zwei Teller verteilen. Zum Schluß die Pistazienkerne hacken und darüberstreuen. Dazu wird geröstetes Weißbrot gereicht.

Hähnchenbrust in Orangensauce

Zutaten:

500 g Hähnchenbrustfilet (ohne Haut und Knochen)
1 EL Weizenmehl
4 EL Speiseöl
4 Schalotten
½ TL Curry
125 ml frischgepreßter Orangensaft
125 ml Hühnerbrühe
100 g kalte Butter
frische Minzeblättchen

Außerdem: *1 Orange zum Garnieren*

Das Fleisch unter kaltem Wasser abspülen, trockentupfen, würfeln und hauchdünn mit Mehl bestäuben. Das Öl in einer Pfanne erhitzen und das Fleisch darin bei starker Hitze von allen

Seiten einige Minuten anbraten. Dann auf die kleinste Stufe zurückschalten.

Die Schalotten abziehen und fein hacken, dazugeben und mitdünsten, bis sie glasig sind. Nun den Curry darüberstäuben und das Ganze mit Orangensaft und Brühe ablöschen. Zugedeckt etwa zehn Minuten schmoren.

Das Fleisch herausnehmen und warm stellen. Anschließend den Sud sämig einkochen, vom Herd nehmen und die kalte Butter in kleinen Stückchen mit einem Schneebesen darunterschlagen.

Das Fleisch auf zwei Tellern anrichten, mit der Sauce überziehen. Die geschälte und filetierte Orange und die Minzeblättchen darüber streuen. Dazu wird Reis gereicht.

Steak Provençal

Zutaten:	*350 g Lendenfilet im Stück* *2 EL Olivenöl*
Für die Kräutermarinade:	*½ Tasse frische Kräuter, z. B. Thymian, Rosmarin, Oregano* *2 Knoblauchzehen,* *1 EL Meersalz* *2 EL Öl* *frischer Pfeffer*

Das Filet auf beiden Seiten mit je einem Eßlöffel Öl bestreichen. Dann in einer Pfanne scharf anbraten, erst von der einen Seite etwa vier Minuten, dann wenden und von der anderen Seite drei Minuten braten, bis das Fleisch medium ist.

Währenddessen für die Marinade die Kräuter, den Knoblauch und das Salz in eine Schüssel geben und mit einem Eßlöffel Öl verrühren. Anschließend das gebratene Filet vom Herd nehmen, mit Pfeffer würzen und der Kräutermarinade bestreichen.

Ein großes Stück Alufolie in der Hälfte zusammenfalten und das Filet darin einpacken, um es fünf bis acht Minuten ziehen zu lassen. Dann in zwei Scheiben schneiden, auf zwei Tellern mit Salatblättern garnieren und sofort servieren.

Überbackene Rehrückenfilets

Zutaten:

300 g ausgelöster Rehrücken
Salz
Pfeffer
5 EL Sonnenblumenöl
80 g Butter
50 g Paniermehl
je 1 TL Thymian, Rosmarin und Bohnenkraut (gehackt)
2 EL Petersilie (gehackt)
1 Knoblauchzehe
100 g weiße Gemüsezwiebel

100 ml Gemüsebrühe
100 ml Weißwein
50 g Sahne
1 TL Speisestärke
1 EL Zitronensaft
Cayennepfeffer
2 Fenchelknollen
100 g Austernpilze

Zunächst den Ofen auf 150° (Umluft 130°, Gasherd Stufe 2) vorheizen. Dann die Rehrückenfilets waschen, trockentupfen und mit Salz und Pfeffer einreiben. Zwei Eßlöffel Öl in einem Bräter erhitzen und den Rehrücken darin von allen Seiten kurz anbraten. Auf der mittleren Ofenschiene vierzig Minuten braten.

Inzwischen die Butter in einem Topf aufschäumen lassen, das Paniermehl und die gehackten Kräuter untermischen. Dann den Knoblauch schälen und dazupressen. Alles gut vermengen und beiseite stellen.

Die Zwiebel schälen und feinhacken. Einen Eßlöffel Öl in einer Pfanne erhitzen und die Zwiebel darin glasigdünsten. Erst mit Brühe und Weißwein ablöschen, dann die Sahne zugeben und aufkochen. Die Stärke mit ein bis zwei Eßlöffeln kaltem Wasser vermischen und in die Soße rühren. Das Ganze sechs bis zehn Minuten köcheln lassen, dann mit dem elektrischen Schneidestab feinpürieren und durch ein Sieb streichen. Mit Zitronensaft, Salz und Cayennepfeffer abschmecken und warm halten.

Den Fenchel putzen und waschen, dabei das Fenchelgrün beiseite legen. Die Knollen längs in fünf Millimeter dicke Scheiben schneiden, die Austernpilze mit Küchenpapier abreiben. Dann

2 Eßlöffel Öl in einer Pfanne erhitzen und Fenchel und Austernpilze darin acht bis zehn Minuten braten. Anschließend salzen und pfeffern, warm halten.

Den Ofengrill einschalten. Dann die Kräutermischung auf die Rehrückenfilets streichen. Auf oberster Schiene unter dem Grill goldbraun überbacken. Den Rehrücken in etwa 1,5 Zentimeter dicke Scheiben schneiden. Mit Fenchel, Pilzen und Soße anrichten. Nach Belieben mit Kräutern und Fenchelgrün garnieren.

Gefüllter Liebeskürbis

Zutaten: *2 Spaghettikürbisse (je 700 g)*
Salz

Für die Füllung: *¼ l Fischfond*
100 g Crème fraîche
100 g Butter
Zitronensaft
frischer schwarzer Pfeffer
250 g Krebsfleisch oder Nordseekrabben
½ Bund Dill

Die unzerteilten Kürbisse in reichlich siedendem Salzwasser kochen, bis sie gerade weich sind.

Für die Füllung den Fischfond gut zur Hälfte einkochen, Crème fraîche dazugeben und nach und nach die Butter in kleinen Flöckchen mit dem Schneebesen einrühren. Dann die Sauce mit ein paar Spritzern Zitronensaft, Salz und Pfeffer abschmecken und das Krebsfleisch bzw. die Krabben beigeben. Anschließend auf kleiner Flamme garen, nicht kochen.

Die Kürbisse längs halbieren, Kerne und faserige Teile entfernen und das Fruchtfleisch mit einer Gabel in Längsrichtung lockern, bis längliche Fäden entstehen. Die Krebs- bzw. Krabbencreme darübergeben und mit frischem Dill bestreuen.

Wildhasenrücken mit karamelisierten Maronen

Zutaten:
- *500 g Wildhasenrücken mit Knochen, enthäutet*
- *Salz*
- *frischer Pfeffer*
- *1 Msp. Paprikapulver*
- *2 EL Butterschmalz*
- *3–4 Wacholderbeeren*
- *2–3 EL Rotwein*
- *1/8 l Wildfond*
- *125 ml Schlagsahne*

Für die Maronen:
- *1 EL Butter*
- *1 EL Zucker*
- *250 g geschälte Maronen*
- *1/8 l Brühe*

Den Hasenrücken mit Salz, Pfeffer und dem Paprikapulver einreiben. Das Butterschmalz in einem Bräter erhitzen, das Fleisch hineinlegen und sofort wenden, damit es völlig mit Fett überzogen ist.

Die Wacholderbeeren im Mörser zerdrücken, hinzugeben und das Ganze bei 200° (Umluft 180°, Gasherd Stufe 3–4) etwa fünfzehn Minuten braten. Dabei ab und zu einen Eßlöffel Rotwein angießen. Anschließend den Hasenrücken aus dem Ofen nehmen, mit Alufolie leicht abdecken und fünf bis zehn Minuten ruhenlassen.

In der Zwischenzeit den Bratensatz mit dem Wildfond ablöschen und kurz aufkochen lassen. Nun die Sahne hinzufügen und die Flüssigkeit auf die Hälfte reduzieren. Die Sauce mit den Gewürzen abschmecken und durch ein Sieb seihen.

Für die Maronen die Butter mit dem Zucker in einem kleinen Topf schmelzen und goldbraun karamelisieren. Dann die geschälten Kastanien darin schwenken und ungefähr fünf Minuten braten. Mit der Brühe ablöschen und fünfzehn Minuten einkochen.

Den Hasenrücken von den Rückenknochen lösen und schräg in ein Zentimeter dicke Scheiben schneiden. Auf Tellern mit den Maronen anrichten und die Sauce darübergießen.

Dazu wird Rotkohl serviert.

Desserts

Apfel-Soufflé

Zutaten:	*500 g Äpfel (Boskop)*
	2 Eigelb
	35 g Zucker
	25 g abgezogene, gemahlene Mandeln
	1 TL Speisestärke
	2 Eiweiß
Für die Sahne:	*60 ml Schlagsahne*
	1 EL Zucker
	1 TL Calvados
	1 EL Crème fraîche
Außerdem:	*Alufolie*
	Butter für die Form

Die Äpfel waschen, in Alufolie hüllen – glänzende Seite nach innen – und im vorgeheizten Backofen bei 200°(Umluft 180°, Gasherd Stufe 3–4) etwa dreißig Minuten garen. Die Äpfel im Ofen abkühlen lassen, dann herausnehmen, mit einem Löffel das Apfelmark aus der Schale kratzen und pürieren. Das Eigelb und zwei Drittel des Zuckers schaumigschlagen, nach und nach Mandeln und Speisestärke unterrühren. Das Eiweiß mit dem restlichen Zucker steifschlagen und unter die Apfelmasse ziehen. Eine runde, nicht zu große Auflaufform mit weicher Butter ausfetten und die Masse hineinfüllen. Im auf etwa 200° (Umluft 180°,Gasherd Stufe 3–4) vor-

geheizten Backofen etwa vierzig Minuten backen. Kurz vor dem Servieren für die Sauce Schlagsahne mit Zucker, Calvados und Crème fraîche verrühren.

Fruchtiger Käsesalat

Zutaten:

1 Apfel
1 Birne
1 Orange
je 50 g rote und weiße Trauben
20 g Walnüsse
20 g Cashewnüsse
100 g Sahne-Brie-Käse
125 g frischer Landrahm
Saft von 1 Orange
2–3 El Milch
1 Tl Zucker
½ TL Curry
1 Msp. Zimt

Den Apfel und die Birne vierteln, vom Kerngehäuse befreien und in gleichmäßige Stücke schneiden. Die Orange schälen und filetieren. Die Trauben halbieren, je nach Geschmack die Kerne entfernen. Das Obst auf zwei Tellern anrichten, die Nüsse darüberstreuen. Den Brie in mundgerechte Stücke schneiden und über dem Salat verteilen. Für das Dressing den frischen Land-

rahm cremigrühren, Orangensaft, Milch und Zucker zugeben und mit dem Rührbesen gut vermengen. Zum Schluß mit Curry und Zimt pikant abschmecken.

Pfirsiche mit Sektschaum überbacken

Zutaten:

- *2 Pfirsiche*
- *3 Eigelb*
- *0,1 l Riesling-Sekt*
- *40 g Zucker*

Die Pfirsiche fünf bis sechs Sekunden lang in heißes Wasser tauchen, dann in kaltem Wasser abschrecken und die Haut abziehen. Anschließend halbieren und die Hälften jeweils in vier Spalten schneiden.

Das Eigelb mit dem Sekt in einem heißen, nicht kochenden Wasserbad aufschlagen und dabei den Zucker langsam einrieseln lassen. Auf der höchsten Stufe des elektrischen Handrührgerätes noch etwa fünf Minuten lang weiterschlagen.

Nun die Pfirsichspalten kranzförmig auf zwei Tellern anrichten und den Sektschaum gleichmäßig über das Obst verteilen. Unter einem vorgeheizten Grill gut zwei Minuten überbacken, bis der Sektschaum eine leicht goldbraune Farbe annimmt. Sofort servieren.

Exotischer Salat mit Maronen

Zutaten:

1 Kiwi
1 Babyananas
100 g Weintrauben
700 g geschälte Maronen
Saft von ½ Zitrone
2 TL Ahornsirup

Die Kiwi und die Babyananas schälen und in Stücke schneiden. Die Weintrauben waschen, halbieren und entkernen. Anschließend mit den geschälten Maronen, der Kiwi und der Ananas in eine Schüssel geben. Nun den Zitronensaft mit dem Ahornsirup verrühren und über den Salat träufeln.

Griesnockerln mit verführerischen Beeren

Zutaten:

0,75 l Milch
150 g Gries
3 Eigelbe
1 Prise Salz
½ Päckchen Vanillezucker
4 EL Weizenkeime
4 EL Zucker
200 g rote Beerenfrüchte

Die Milch erhitzen und nacheinander Gries, Vanillezucker, Weizenkeime und eine Prise Salz zugeben. Das Ganze unter ständigem Rühren kurz aufkochen. Anschließend etwas abkühlen lassen, dann die Eigelbe unterrühren und mit Zucker abschmecken. Den Gries abkühlen lassen.

Inzwischen etwa zwei Drittel der Früchte fein pürieren. Aus dem abgekühlten Gries Nockerln formen – am besten mit zwei Löffeln – und zusammen mit dem Früchtepüree und den restlichen Früchten auf zwei Tellern anrichten.

Gefüllte Zauberfrüchte

Zutaten:

- *1 Papaya*
- *1 Babyananas*
- *½ Zuckermelone*
- *1 Becher Frischkäse*
- *⅛ l Schlagsahne*
- *1 EL Zitronensaft*
- *Pistazienkerne*
- *frischer Pfeffer*

Die Papaya halbieren und die Kerne mit einem Löffel entfernen. Die Melone in Spalten schneiden und ebenfalls die Kerne entfernen. Die Ananas halbieren oder längs ein Viertel der Frucht herausschneiden, das Fruchtfleisch herauslösen, kleinschneiden und wieder in die Frucht einfüllen.

Den Frischkäse mit zwei Eßlöffeln Sahne, Zitronensaft und Vanillinzucker cremigrühren. Die restliche Sahne steifschlagen, den Frischkäse unterheben, die Masse in einen Spritzbeutel füllen und die Früchte damit füllen. Je nach Geschmack mit gehackten Pistazienkernen, Belegkirschen oder frisch gemahlenem schwarzen Pfeffer garnieren.

Kirschen im Schnee

Zutaten: *400 g Kirschen mit Stielen*
2 Eiweiß
Puderzucker

Die Stiele der Kirschen werden bis auf etwa zwei Zentimeter Länge abgeschnitten. Die Früchte waschen und gut abtropfen lassen.

Das Eiweiß zu einem steifen Schnee schlagen, die Kirschen zuerst in den Eischnee, anschließend in Puderzucker tauchen und auf einem gezuckerten Backblech im vorgeheizten Backofen bei 250 Grad fünfzehn bis zwanzig Minuten backen.

Mangomousse mit Mokkasauce

Zutaten:	*2 Eigelbe*
	25 g Zucker
	1 T Zitronensaft
	1–2 Blätter Gelatine
	75 g Magerquark
	60 g Mascarpone
	3 TL Eierlikör
	125 g Mangofruchtfleisch
	125 g süße Sahne
Für die Sauce:	*1 Eigelb*
	5 EL starker Espresso
	1 EL Zucker
	1 EL Mokkalikör

Das Eigelb mit dem Zucker und dem Zitronensaft im warmen Wasserbad schlagen, bis die Masse cremig ist, dann kalt weiterschlagen.

Die Gelatine im Wasserbad quellenlassen. Den Magerquark mit dem Mascarpone mischen und unter die Eicreme schlagen. Die Gelatine ausdrücken und in dem erhitzten Eierlikör auflösen. Dann unter die Ei-Quark-Masse rühren. Das Mangofruchtfleisch pürieren, unter die Creme rühren und kühl stellen. Sobald die Creme zu stocken beginnt, die Sahne steifschlagen und darunterziehen. Alles in zwei Souffléförmchen füllen und erneut kühlen.

Für die Mokkasauce das Eigelb mit dem Espresso und dem Zucker mit den Schneebesen im Wasserbad aufschlagen, bis die Creme dickflüssig wird. Anschließend kalt weiterschlagen und mit dem Mokkalikör abschmecken.

Auf zwei großen flachen Tellern die Mokkasauce verteilen und je eine Mangocreme daraufstürzen. Die Creme mit einigen frischen Minzblättern garnieren.

Gefüllte Orangen

Zutaten:

2 große Orangen
1 Sellerieknolle
1 Apfel
50 g Nüsse
Mayonnaise
Dosenmilch

Mit einem scharfen Messer das obere Drittel der Apfelsine abschneiden und das Fruchtfleisch auslösen. Dann mit einer Schere ein sternförmiges Muster in den Rand der ausgehöhlten Orange schneiden. Das Fruchtfleisch der Orange in kleine Stücke schneiden.

Die Sellerieknolle und den Apfel schälen und beides in kleine Streifen schneiden. Alles miteinander vermengen. Nun die Nüsse feinhacken und ebenfalls unterheben. Die Mayonnaise mit etwas Dosenmilch verdünnen und über die Fruchtstücke geben.

Anschließend die Masse in die ausgehöhlte Orange füllen. Im Kühlschrank kalt stellen und mit aufgesetztem Deckel servieren.

Süß-saurer Kürbis mit Feigen

Zutaten:	*(ergibt etwa drei Gläser à ½ Liter)*
	ca. 750 g Kürbis
	Salzwasser
	ca. 750 g frische Feigen
Für den Sirup:	*ca. ¾ l Weißweinessig*
	ca. ½ l trockener Weißwein oder Wasser
	4 aufgeschlitzte Vanilleschoten
	2 Lorbeerblätter
	500 g weißer oder brauner Zucker

Den Kürbis schälen, entkernen und in Würfel schneiden. Portionsweise in siedendheißem Wasser eine Minute überbrühen. Anschließend herausnehmen, kalt abschrecken und gut abtropfen lassen. Die Feigen mit einem sauberen Tuch abreiben, dann schälen und halbieren.

Für den Sirup alle Zutaten bis auf den Zucker aufkochen und etwa zehn Minuten köcheln lassen. Den Kürbis zusammen mit den Feigen in eine Schüssel füllen und mit dem siedenden Sirup übergießen. Anschließend gut 24 Stunden abgedeckt bei Raumtemperatur ziehen lassen und von Zeit zu Zeit umrühren.

Wenn die Früchte gut durchgezogen sind, die Flüssigkeit abgießen und gemeinsam mit dem Zucker aufkochen. Die Feigen und Kürbisstücke zugeben und mitkochen, bis sie glasig werden.

Nun die Früchte in ausgekochte, vorgewärmte Einmachgläser füllen. Den Sirup auf großer Hitze deutlich reduzieren und in die Gläser verteilen, die sofort luftdicht verschlossen werden müssen.

Die Früchte vor dem Servieren mit frischen Aprikosen und Melonenstücken mischen und mit Zimt oder frischem Ingwer bestreuen.

Apfeldessert mit Safran

Zutaten:

3 saftige Äpfel, nicht zu mehlig
1 TL Ghee (Asienladen)
1 EL brauner Zucker
Vanillezucker
¼ TL gemahlener Zimt
1 Prise gemahlener Kardamom
2 Safranfäden

Die Äpfel erst waschen und entkernen und dann in kleine Würfel schneiden. Das Ghee in einem Topf erhitzen und den Zucker darin schmelzen lassen. Anschließend die Apfelstücke hinzugeben, mit dem Vanillezucker, Zimt, Kardamom und Safran würzen und fünfzehn Minuten weiterköcheln lassen.

Melonencocktail mit Minze-Honig-Dressing

Zutaten:

1 Honigmelone
¼ Wassermelone
Saft von ½ Zitrone
1 TL Weißweinessig
5 EL Öl
½ TL Dijonsenf
1 TL Honig
2 TL frisch gehackte Minze
Salz
frischer schwarzer Pfeffer
frische Minze zum Garnieren

Die Honigmelone halbieren und die Kerne entfernen. Mit einem Kugelausstecher so viele Kugeln wie möglich formen, die restliche Melone aushöhlen. Die Wassermelone in gleichmäßige Stücke schneiden, mit den Melonenkugeln mischen und in die ausgehöhlten Melonenhälften füllen.

Die Zutaten für das Dressing miteinander verrühren und über die Melonenstücke gießen. Abschließend mit den frischen Minzeblättern verzieren

»Das ländliche Konzert«
Tizian (1488/89–1576)
Paris, Musée du Louvre

Die Liebe ist die Köchin des Lebens – sie macht es erst schmackhaft

Zauberhafte Liebesmenüs

Weil sich die Lust, ja die Wollust, offenbart, wenn sich die Sinne konzentrieren auf dieses kleine in Knoblauch gebratene Stück Lamm [...] Dazu ein Schluck Wein. Der Magen wärmt sich vor Entzücken, die Wärme strömt in den Körper [...] die Augen werden licht – wie sonnenbestäubt. Zärtlich umschlungen von Duft und Lust gibt man sich hin.

Gabriele von Arnim, Essen

So sinnlich kann Essen sein. Und wenn erst der Liebesgott zu Tisch bittet, sind hocherwünschte Nebenwirkungen gewiß nicht ausgeschlossen. Ein phantasievoll zusammengestelltes Menü in anregender Atmosphäre und gemeinsam mit einem geliebten Menschen zu genießen – das entfacht die erotische Lust und macht schnell Appetit auf mehr. Gewürzt mit einem Hauch von Erotik, garniert mit stimmungsvoller Musik und gedämpftem Licht bietet es die besten Voraussetzungen für sinnliche Stunden zu zweit.

Allerdings verbindet jeder etwas anderes mit bestimmten Speisen, Aromen und Düften. Was den einen stimuliert, kann den anderen abstoßen, und so können natürlich auch die hier vorgestellten Menüs samt den Tips und Vorschlägen nur Anregungen sein. Denn wer seinem Partner einen unvergeßlichen Abend bereiten und ihn rundherum verwöhnen möchte, muß vor allem auch dessen Vorlieben und – vielleicht sogar noch wichtiger – dessen Abneigungen genau kennen. Nur so ist gewährleistet, daß beide das Freudenfest der Sinne gleichermaßen genießen und noch viele weitere schöne und erotische Stunden folgen.

Wie wichtig die Verbindung von Erotik und Essen ist, wußten schon die ersten Christen, die sich in aller Heimlichkeit zum Gottesdienst trafen, um den Tag des Herrn zu begehen. Dabei feierten sie das sogenannte »Liebesmahl«, das aus gesegnetem Wein und Brot bestand und mit dem »Liebeskuß« gekrönt wurde, der allerdings – falls er zwischen Männern und Frauen ausgetauscht wurde, was nur selten üblich war – absolut unkeusch sein sollte.

Um jeden Gedanken an Unkeuschheit zu zerstreuen, steht bei den hier vorgestellten Liebesmenüs nicht nur der kulinarische Genuß im Vordergrund, es geht vielmehr darum, möglichst alle Sinne zu aktivieren und so Lust und Leidenschaft zu wecken. Schließlich zählt das Essen zu den schönsten Sinnesfreuden schlechthin. Nicht satt werden lautet das Ziel, sondern den Appetit anregen – auf die Liebe danach. Dabei ist alles erlaubt, was beiden gefällt und Spaß macht. Bei einem gelungenen aphrodisischen Mahl spielen mehrere Komponenten ineinander – daher will es wohl überlegt und ansprechend in Szene gesetzt sein. Das beginnt bei der Auswahl der Zutaten, bei der Kombination der einzelnen Speisen und endet noch lange nicht bei geschmackvoller

Dekoration und verzauberndem Kerzenlicht. Wenn bei einem romantischen Abendessen der Champagner auf den Lippen prickelt, die exotisch gewürzte Suppe verführerisch duftet, der Wein im Glas rubinrot funkelt, oder der cremig-zarte Nachtisch förmlich auf der Zunge zergeht, ist die Vorfreude auf den erotischen Teil des Abends geweckt. Nicht umsonst heißt es immer: Das Auge ißt mit – und gibt eindeutige Signale ans Nervenzentrum weiter.

Greife wacker nach der Sünde,
Aus der Sünde wächst Genuß.
Ach, du gleichest einem Kinde,
dem man alles zeigen muß.

Frank Wedekind

Genauso wie dem Essen wohnt auch der Körperpflege eine tiefe erotische Komponente inne. Und das kommt nicht von ungefähr – schließlich stehen erotische Ausstrahlung und Körpergerüche in einer besonderen Beziehung. Ob bei der ägyptischen Königin Kleopatra, die ihn Eselsmilch gebadet hat, um ihre Haut samtweich werden zu lassen, oder bei den Indern, die den Regeln des Kamasutra folgend in die Wanne stiegen – immer sind Essenzen und Mittelchen im Spiel, deren Düfte zur Entspannung und zum Wohlbefinden erheblich beitragen. Schon bei Aphrodite versuchten die Menschen, sie mit wohlriechenden Rauchopfern zu erfreuen und so ihren Segen für sündige Ausschweifungen zu erlangen. Der gleiche Gedanke hat wohl die alten Inder dazu inspiriert, ihre Genitalien mit Safran, Kampfer und Sandelholz einzubalsamieren, laut einer überlieferten Weisheit sollten sie dann nämlich den Frauen zum Diadem in ihrem Herzen werden.

Schließlich sind Düfte in der Lage, angenehme Assoziationen und Gefühle heraufzubeschwören und so Körper und Geist zu stimulieren. Diese Tatsache machte man sich schon im Mittelalter zunutze, zahlreiche Frauen trugen Talismane und mit verzauberten aphrodisischen Kräutern gefüllte Amulette bei sich. Ebenso sollten Potpourris sowie Riech- und Aromakissen, die entweder unters Kopfkissen gelegt oder im Schlafraum verteilt wurden für ein erfülltes Liebesleben sorgen.

Die stimulierenden Eigenschaften von Düften wußten die Menschen vor allem im 18. Jahrhundert zu schätzen, in dem Körpergerüche wegen ihrer angeblich schädlichen Wirkung als absolut verpönt galten und mit allerlei Parfüms, Pudern und sonstigen Mittelchen bekämpft wurden. Nahezu alle Dinge des täglichen Gebrauchs wurden ihres Eigengeruchs beraubt: Tabak wurde aromatisiert, Schränke mit Kräuterkissen beduftet, Taschentücher mit Lavendelöl bestäubt, die Haut vor dem Liebesspiel mit parfümiertem Wasser besprengt, und die Frauen bestimmter Gesellschaftsschichten wagten sich nicht aus dem Haus, ohne um den Hals ein Medaillon mit Rosenwasser zu tragen. Von diesem Wunsch oder vielmehr der Sehnsucht der Menschen nach dem perfekten Geruch erzählt Patrick Süßkind in seinem Roman »Das Parfüm«, in dem der Protagonist unschuldige Jungfrauen tötet, um aus ihrem ureigenen Körpergeruch, welcher als besonders rein gilt, das perfekte Parfüm zu komponieren.

Im Mittelalter waren zudem besonders interessante Gerüchte über den Duft von Frauen verbreitet. Demnach verbreiteten rothaarige Frauen den sinnlichsten Duft, während Blonde besonders unschuldig rochen und junge Mädchen zart nach Vanilleschoko-

lade dufteten. Auch Ehebrecherinnen sollten durch ihren ganz eigenen und unverwechselbaren Duft entlarvt werden können. Dem anderen Geschlecht wurde ebenfalls ein eigener Geruch nachgesagt, so sollten junge Männer verführerisch nach Trüffeln duften, reife Männer hingegen scharf riechen.

Neben den neuesten Cremes und Badezusätzen gibt es eine stattliche Reihe an überlieferten Rezepten, die sich alle dem Geheimnis der Schönheit widmen und in den letzten Jahren wiederentdeckt wurden. So der berühmte Venusbalsam, eine Räuchermischung nach altem venezianischen Rezept, der mutmaßlich von Kurtisanen entwickelt wurde. So wie zu jedem wohlangesehenen Bordell eine exzellente Küche und ein ordentlicher Weinkeller gehörte – nicht umsonst heißt es: Wer zu speisen versteht, versteht auch zu lieben –, wußten die liebeserfahrenen Damen, daß gutes Essen zu Wollust und ungeahnter Potenz beflügelt. Als Künstlerinnen der Liebe und des kulinarischen Genusses kannten sie sich mit anregenden Häppchen, stimulierenden Düften, Tinkturen und Salben aus wie niemand sonst und setzen all ihr Wissen und ihre Erfahrung für ihre Kreationen ein. Die Zutaten des Venusbalsams wurden in einer gußeisernen Pfanne überm offenen Feuer geräuchert und verbreiteten dabei eine prickelnde erotische Atmosphäre. Dem lieblichen und anregenden Duft haftete außerdem stets eine magische Komponente an, was ebenfalls die gewünschte Wirkung verstärkte.

Ein aromatisch duftendes und belebendes Bad zu zweit sollte daher bei einem erfüllten Abend der Sinne nicht fehlen. Weiche Haut, warmes Wasser, prickelnder Champagner erhöhen das gemeinsame Vergnügen. Sie beflügeln den Geist und beschwingen die Seele; der Phantasie sind dabei übrigens keine Grenzen gesetzt. Wie wäre es also mit dem abschließenden Liebesmokka bei Kerzenlicht und leiser Musik in der Wanne oder mit einem Dessert, das in solch angenehmer Atmosphäre sicherlich noch einmal so gut schmeckt?

Berauschende Badezusätze

Stimulierendes Rosmarinbad

Zutaten: *50 g getrocknete Rosmarinnadeln*
1 l Wasser

Die Rosmarinnadeln in dem Wasser kurz aufkochen und etwa eine halbe Stunde ziehen lassen. Anschließend abseihen und dem Vollbad zugeben.

Erotisches Bad für Zwei

Zutaten: *50 ml Wasser*
50 g Muskat
50 g Rosmarin

50 g Salbei
50 g Dost
50 g Pfefferminze
50 g Kamille
10 g Wacholdertinktur
10 g Nelkentinktur

Das Wasser zum Kochen bringen und damit Muskat, Rosmarin, Salbei, Dost, Pfefferminze und Kamille übergießen. Das Ganze mindestens zwölf Stunden ziehen lassen und dann abseihen.

Nun den Rest der Zutaten untermischen und die Lösung ins Badewasser geben. Ein ebenso luxuriöses wie wirkungsvolles Rezept.

Sinnliche Badetraum

Zutaten:

3 EL Honig
¼ l Milch
10 Tropfen Sandelholzöl
5 Tropfen Orangenöl

Die Zutaten nacheinander ins Badewasser geben, wenn die Wanne etwa halb voll ist. Sie verleihen dem Bad nicht nur einen angenehmen, stimulierenden Duft, sondern machen die Haut samtweich und empfänglich für Berührungen.

Massageöl für Verliebte

Zutaten: *2 Tropfen Aprikosenöl*
2 Tropfen Gardenienöl
2 Tropfen Jasminöl

Die Öle in die warmen Handflächen träufeln und vorsichtig miteinander verreiben. Das Duftgemisch entspannt und entfacht vor allem die Liebeslust im Mann.

Erotische Tropfen

Zutaten: *2 Tropfen Ingweröl*
2 Tropfen Kardamomöl
2 Tropfen Jasmin- oder Rosenöl
2 Tropfen Sandelholzöl
2 Tropfen Moschusöl

Die Öle nacheinander in die Handfläche träufeln und kurz verreiben. Dann mit beiden Händen sanft auf die Haut auftragen und anschließend nach Belieben einmassieren. Mit zunehmender Wärme entfaltet sich der stimulierende Duft der Mischung.

Massageöl für romantische Stunden

Zutaten: *30 ml Avocadoöl*
6 Tropfen Rosenöl
6 Tropfen Lavendelöl
6 Tropfen Korianderöl
1 Vanillestange

Die Mischung in ein dunkles Glasfläschchen füllen, anschließend die Vanillestange hinzugeben und mehrere Stunden ziehen lassen.

Dieses Liebesöl eignet sich nicht nur hervorragend als erotisierendes Parfüm, sondern auch als beflügelnder Badezusatz oder stimulierende Note in einer Duftlampe.

Vorspeisen

Artischockenblättchen mit Liebesdip

Zutaten: *2 Artischocken*
½ Zitrone
Salz

Für den Dip: *1 hartgekochtes Ei*
30 g Kapern
4 EL Olivenöl
1 kleine Zwiebel
Salz
Pfeffer
Knoblauch
Senf

Das obere Drittel der Artischocken abschneiden, die Stiele abbrechen und die Schnittflächen sofort mit der halbierten Zitrone abreiben. Anschließend in gesalzenem Wasser etwa zwanzig Minuten kochen, bis sie gar sind.

Für den Dip das Ei schälen, zerhacken und mit den Kapern mischen. Dann die Zwiebel in Würfel schneiden und mit dem Essig verrühren. Nun mit Salz, Pfeffer, Knoblauch und Senf abschmecken und zuletzt das Öl und die Kapern-Ei-Masse einrühren.

Die Artischocken auf zwei Tellern anrichten und mit dem Dip garnieren.

Spinatsalat mit Erdbeeren

Zutaten: *25g Pinienkerne*
125 g Erdbeeren
2 EL Himbeeressig
3 EL Olivenöl

1 TL flüssiger Honig
1 TL Senf
200 g Spinatblätter
2 panierte Camemberts

Die Pinienkerne in einer Pfanne ohne Fett goldbraun rösten. Die Erdbeeren waschen, putzen und vierteln. Den Himbeeressig mit dem Öl, dem flüssigen Honig und dem Senf glattrühren und die Erdbeeren untermengen.

Anschließend die Spinatblätter waschen, putzen, trockenschleudern und mit den Früchten sowie dem Dressing vermengen.

Den Camembert nach Packungsanweisung zubereiten und anschließend auf zwei Teller setzen. Den Salat dazugeben und mit den Pinienkernen bestreut servieren.

Anregendes Kürbisgazpacho

Zutaten:

250 g Kürbis
1 feste Fleischtomate
½ frische Chilischote
½ Gurke
½ Knoblauchzehe
50 g Toastbrot
3 EL Olivenöl
1 EL Weißweinessig
⅛ l kalte Fleischbrühe

1 TL edelsüßer Paprika
Salz
frischer Pfeffer
gemahlener Kreuzkümmel

Für die Beilagen: *1 Tomate*
1 kleine grüne Paprikaschote
¼ Gurke
1 Scheibe Toastbrot
1 EL Butter
1 kleines Bund gemischte Kräuter (Petersilie, Basilikum, Thymian)
1 hartgekochtes Ei

Den Kürbis in große Schnitze schneiden, die Kerne entfernen, und anschließend auf ein mit Folie ausgekleidetes Backblech legen. Im vorgeheizten Backofen auf der mittleren Schiene bei 175° (Umluft 160°, Gasherd Stufe 2) etwa fünfzig Minuten backen, bis er weich ist. Anschließend die Schale entfernen und das Kürbisfleisch pürieren.

Die Tomate kurz überbrühen, enthäuten und vierteln. Chilischote und geschälte Gurke ebenfalls entkernen und in kleine Stücke schneiden. Dann mit Tomate, durchgepreßtem Knoblauch, entrindetem Brot, Öl, Essig und Brühe ebenfalls feinpürieren. Mit Paprika, Salz, Pfeffer und Kreuzkümmel kräftig abschmecken. Für mindestens zwei Stunden in den Kühlschrank stellen und durchziehen lassen.

Für die Beilagen die Gemüse putzen, waschen und in kleine Würfel schneiden. Bis zum Servieren zugedeckt kalt stellen. Das Toastbrot in kleine Würfel schneiden und in der erhitzten Butter golden rösten. Die Kräuter abbrausen, trockenschleudern und feinhacken, das gekochte Ei pellen und vierteln.

Die Suppe eiskalt servieren, die Beilagen in separaten Schälchen bereitstellen.

Hauptgerichte

Sündig-süßer Lammtopf

Zutaten:

30 g Mandeln
500 g Lammfleisch
Salz
Pfeffer
2 EL Sonnenblumenöl
3 EL Zucker
¼ l Wasser
1 TL klare Fleischbrühe
¼ Stange Zimt
150 g Backpflaumen
Knoblauch
Safran
Laos

Zunächst die Mandeln überbrühen und deren Schalen abziehen. Dann das Lammfleisch waschen, trockentupfen, in Würfel schneiden und mit Salz und Pfeffer würzen. Das Sonnenblumenöl in einem Bräter erhitzen und das Fleisch darin von allen Seiten anbraten. Anschließend aus dem Topf nehmen.

Den Zucker in den Topf geben und karamelisieren. Dann das Wasser zugießen, zum Kochen bringen und die klare Fleischbrühe darin auflösen. Das Fleisch mit den Mandeln und dem Zimt zufügen, und das Ganze zugedeckt etwa eine Stunde schmoren. Ungefähr 15 Minuten vor Ende der Garzeit die Backpflaumen zugeben und die Sauce mit Knoblauch, Safran und Laos würzen. Dazu passt am besten Reis.

Verführerisches Mandelhuhn

Zutaten:

4 Hühnerschenkel
3 TL Öl
Salz,
Cayennepfeffer
1 Msp. Kardamom
20 g gemahlene Mandeln
20 g Rosinen
250 g Kartoffeln
125 g Tomaten
125 g Schalotten

2 kleine Knoblauchzehen
je ½ TL getr. Rosmarin und Thymian
20 g Mandelblättchen und 5 ganze geschälte Mandeln
75 ml Weißwein
75 ml Milch

Die Hähnchenschenkel zerteilen, gut abspülen und mit Küchenpapier trockentupfen. Dann das Öl mit Salz, Pfeffer und Kardamom verrühren. Die Fleischteile damit einstreichen und anschließend in den gemahlenen Mandeln wenden.

Die Rosinen in kaltem Wasser einweichen. Die Kartoffeln schälen, waschen und vierteln. Die Tomaten mit kochendem Wasser überbrühen, häuten, entkernen und würfeln. Die Schalotten und den Knoblauch abziehen und halbieren.

Nun die Hähnchenschenkel auf ein Backblech legen und im vorgeheizten Backofen bei 250° (Umluft 220°, Gasherd Stufe 5) gut fünfzehn Minuten braten, dann die Hitze auf 200° (Umluft 170°, Gasherd Stufe 4) reduzieren. Die Kartoffeln, die Schalotten, den Knoblauch, die Gewürze, die Mandelblättchen und die ganzen Mandeln zugeben und das Ganze weitere dreißig Minuten garen.

Den Weißwein und die Milch zugießen, noch einmal fünfzehn Minuten garen. Zum Schluß die abgetropften Rosinen und die Tomatenwürfel zufügen und gut abschmecken.

Aromatisches Milchzicklein

Zutaten:

1 Milchzickleinschulter (ca. 500 g)
Salz
frischer Pfeffer
3 EL Olivenöl
80 g Butter
2 kleine Rosmarinzweige
200 g geschälte Pellkartoffeln (vom Vortag)
½ Bund Babymöhren
6 geschälte französische Schalotten
4 quer halbierte Stangen grüner Spargel
0,1 l Gemüsebrühe
½ TL Zucker
1 TL gewürfelte Schalotten
je 1 TL feine Würfel von enthäuteten roten, grünen und gelben Paprikaschoten
½ kleiner gewürfelter Zucchino
½ gehackte Knoblauchzehe
1 Msp. geriebene Schale einer unbehandelten Orange
4 enthäutete und ausgehöhlte Strauchtomaten

Die Zickleinschulter mit Salz und Pfeffer würzen. Dann gut zwei Drittel des Olivenöls in eine ofenfeste Pfanne geben, die Schulter darin erst von allen Seiten gut anbraten und schließlich im Ofen bei 180° (Umluft 160°, Gasherd Stufe 3) etwa fünfunddreißig Minuten weitergaren. Danach die Pfanne herausnehmen und das Fett abgießen. 50 Gramm Butter, Rosmarinzweige und Kartoffeln zufügen, wieder in den Ofen schieben und weitere zwanzig Minuten braten. Vor dem Servieren kurz ruhen lassen.

Möhren, Schalotten und Spargel getrennt blanchieren und anschließend einzeln in je 10 Gramm Butter anschwitzen. Jeweils nach und nach mit ⅓ der Geflügelbrühe angießen, mit Salz und Zucker würzen und einkochen, bis das Gemüse glasiert ist.

Das restliche Olivenöl in einer Pfanne erhitzen und darin die Schalottenwürfel glasigdünsten. Paprika- und Zucchinowürfel zugeben, mit Knoblauch, Pfeffer, Salz und Orangenschale würzen. Unter Rühren einige Minuten garen und anschließend in die Strauchtomaten füllen.

Das Fleisch der Schulter ablösen und mit Kartoffeln, Gemüse und den gefüllten Tomaten auf vorgewärmte Teller legen. Die Rosmarinbutter aus der Pfanne darüberträufeln und das Fleisch mit den Rosmarinzweigen garnieren.

Desserts

Stimulierendes Früchtecurry

Zutaten:

2 frische Pfirsiche
2 Bananen
3 EL Margarine

1 EL Mehl
180 ml Gemüsebrühe
1–2 TL Curry
2 EL Ahornsirup
75 g Crème fraîche
2 EL Mandelblättchen

Die Pfirsiche schälen und vierteln, die Bananen schälen und in ein wenig Margarine goldgelb anbraten. Anschließend in Scheiben schneiden.

Die restliche Margarine im Topf erhitzen, das Mehl darin anschwitzen und die kalte Gemüsebrühe unter Rühren zugeben. Erst die Gewürze und den Ahornsirup unterrühren, dann die Crème fraîche unter Rühren zufügen und abschmecken.

Die Bananenscheiben und die Pfirsiche vorsichtig unter die Sauce heben. Das Fruchtcurry auf zwei tiefen Tellern anrichten und mit den Mandelblättchen garnieren.

Feigen mit Grenadinesirup und Kaktusfeigensorbet

Zutaten: *Für das Sorbet:*
250 g geschälte Kaktusfeigen
15 g Zucker
Saft ½ Zitrone

1½-2 EL Sekt

Außerdem: *6 kleine, reife Feigen*
2–3 reife Granatäpfel
75 ml Grenadinesirup
1½ EL Butter
Saft ½ Zitrone
50 g Sahne
0,2 l Mandellikör

Alle Zutaten für das Sorbet pürieren und durch ein Sieb streichen. In einer Eismaschine oder einer Schale im Tiefkühlfach gefrieren lassen, hin und wieder durchrühren. Das Sorbet fünfzehn Minuten vor dem Servieren herausnehmen, damit es ein wenig antaut.

Die Feigenhaut mit einem Messer abziehen. Die Kerne aus den Granatäpfeln löffeln, in ein feines Sieb geben und durchdrücken. Den Saft auffangen (es soll 100 ml Granatapfelsaft ergeben), mit Grenadinesirup mischen und die Feigen für dreißig Minuten darin einlegen. Anschließend gut abtropfen lassen.

Die Hälfte der Butter in einem kleinen Topf zerlassen und die Feigen darin schwenken. Mit Zitrone ablöschen, die Granatapfel-Sirup-Mischung zugießen und einkochen lassen. Nun die restliche Butter in Flöckchen zugeben.

Die Sahne mit dem Mandellikör halbsteif schlagen. Je drei Feigen mit etwas Saft auf einen Teller setzen, Mandelsahne und Sorbet dazugeben und nach Wunsch mit frischer Minze garnieren.

Himmlische Honigkugeln

Zutaten:

20 g Hefe
⅛ l lauwarme Milch
250 g Mehl
40 g Zucker
2 Eigelb
25 g Butter oder Margarine
500 g Frittierfett
100 g Honig
Feigenblätter zum Garnieren

Die Hefe mit der Milch verrühren, das Mehl aufschichten und in die Mitte eine Mulde drücken. Die Hefemilch und einen Eßlöffel Zucker hineingeben und mit wenig Mehl vom Rand verrühren. Den Teig etwa zwanzig Minuten gehen lassen. Anschließend mit dem restlichen Zucker, Eigelb und Fett mischen. Noch einmal dreißig Minuten gehen lassen.

Das Frittierfett in einer hohen Pfanne oder in der Friteuse erhitzen, mit einem Löffel kleine Teigkugeln abstechen und im Fett backen. Anschließend gut abtropfen lassen und mit Honig überziehen.

Zwei Champagnerkelche mit den Feigenblättern auslegen und die Honigkugeln darauf verteilen. Je nach Geschmack mit einem Klecks Schlagsahne oder gestiftelten Mandeln verzieren.

»Freudenhaus«, um 1650
Nicolaus Knüpfer (um 1609–1655)
Amsterdam, Rijksmuseum

Im Glas noch deines Kusses Hauch

Lustvolle Getränke

Von meinen Lippen, aus meinen Blicken,
Schlürfst du den Göttertrank,
Strahlt dir der Liebesdank;
Ein Freudenfest soll unserem Bund entstehen,
Der Liebe Feier laß uns froh begehen.

Richard Wagner, Tannhäuser

Die Geschichte der Liebestränke ist ebenso sagenumwoben und alt wie die ihrer aphrodisierenden Ingredienzien. Der Glaube an stimulierende Zauber und geheimnisvolle Riten war über die Jahrtausende hinweg stets groß, und der Wunsch, mit Hilfe der obskuren Kräuter- und Gewürzmischungen, die zumeist in Wein, Likör, Kaffee und Kakao aufgelöst wurden, das Liebesleben positiv zu beeinflussen, war in aller Herren Länder verbreitet. Egal, ob junge Frauen beispielsweise im Mittelalter ihren Angebeteten verzaubern oder ob sie ihren untreuen Gatten wieder für sich gewinnen wollten – Aphrodites Nektar war heiß begehrt. Nicht selten war die Einnahme dieser intensiv, fast schon betörend duftenden mystischen Zaubertränke mit den verschiedensten Riten verbun-

den, welche die Wirkung der anregenden Inhaltsstoffe verstärken sollten.

Im Glas noch deines Kusses Hauch
Trink lieber ich als Wein.
Der Durst der aus der Seele schreit,
Muß überirdisch sein;
Doch böte man mir Nektar auch,
Ich tauscht ihn niemals ein.

Ben Johnson

Im alten Rom waren die Becher und Schalen, in denen die erregenden Liebestränke gereicht wurden, übrigens häufig mit eindeutigen Liebesszenen aufwendig verziert. Die kunstvolle Gestaltung der Gefäße sollte die Trinkenden zusätzlich zum Liebesrausch anregen.

Kaffee, Tee und Kakao

Anregender Kakao

Zutaten:

5 gehäufte TL Kakaopulver
1–2 Msp. Zimt
1–2 Msp. Kardamon
1 Msp. Nelken
das Innere einer halben Vanilleschote
1 Msp. roter Chilipfeffer
4–6 TL Zucker oder Honig
250 ml Wasser

Die Zutaten und Gewürze miteinander vermischen, in dem Wasser auflösen und ungefähr fünf Minuten kochen lassen. Anschließend in zwei Longdrinkgläser füllen und nach Belieben garnieren.

Arabischer Mokka

Zutaten:

½ l Wasser
12 TL gemahlener Kaffee
1 TL Kardamom

Das Wasser mit dem Kaffee und dem Kardamom kalt aufsetzen. Das Ganze aufkochen lassen und durch ein Sieb in eine vorgewärmte Kanne gießen. Kochend heiß in zwei kleinen Mokkatassen servieren. Den restlichen Kaffee möglichst auf einem Stövchen heiß halten.

Zauber der Liebe

Zutaten:

½ l Milch
2 Vanilleschoten
100 g Zartbitterschokolade

¼ l Wasser
2 EL Honig
2 EL Zucker
10 g Chayennepfeffer
2 g Salz
4 cl Rum

Zunächst die Milch mit den Vanilleschoten erhitzen. Die Schoten herausnehmen, auspressen und abreiben. Nun zwei Eßlöffel Schokolade hinzufügen und mit dem lauwarmen Wasser verdünnen.

Die erhitzte Milch unterrühren und mit Honig und Zucker süßen. Anschließend den Cayennepfeffer, eine Prise Salz und den Rum zufügen und gut umrühren. Die Schokolade so heiß wie möglich servieren und in kleinen Schlucken trinken.

Türkischer Mokka

Zutaten:
60 g fein gemahlener Kaffee
8 TL Zucker
4 Mokkatassen Wasser
1 TL Rosenwasser

Der echte türkische Mokka wird in einem Kupferkessel mit langem Stiel zubereitet. Das Rosenwasser dient dazu, den Kaffeegeschmack zu intensivieren.

Den Kaffee mit dem Zucker vermischen, in den Kessel geben, mit einem Drittel des Wassers aufgießen und aufkochen. Nun das zweite Drittel hinzugeben und erneut aufkochen. Das restliche Wasser nachgießen und den Kaffee zum dritten Mal aufkochen lassen. Zusammen mit dem entstehenden Schaum in kleine Mokkatassen füllen und mit einigen Tropfen Rosenwasser verfeinern. Kochend heiß servieren.

Aphrodisierender Tee

Zutaten:

4 TL Bockshornsamen
2 Tassen kochendes Wasser
Honig
Zitronensaft

Die Bockshornsamen mit dem kochenden Wasser übergießen und gut fünf Minuten ziehen lassen. Anschließend den Tee abseihen und mit Honig und Zitronensaft nach Belieben würzen. Der Tee sollte möglichst heiß getrunken werden, damit er seine volle Wirksamkeit entfaltet.

Weine, Bowlen und Liköre

Wie lange willst du
Um jener schönen Lippen willen
Den Edelstein der Seele trüben
Mit flüssigem Rubin?

O Leben dieser Welt,
Nicht unrecht ist es, daß das Buch der Rose
Im Frühling sie mit Wein erfüllt,
Denn die den Weg der Liebe kennen,
Versanken tief in dieses Meer, doch kein Wasser
Blieb an ihnen haften!

Hafis, Schlaftrunken ging ich gestern nacht

Johanniskrautwein

Zutaten: *10 g getrocknete Johanniskrautblüten*
½ l trockener Weißwein

Die getrockneten Johanniskrautblüten mit dem Wein übergießen und an einem kalten Ort mehrere Stunden ziehen lassen. Anschließend in gut vorgekühlten Sektkelchen servieren.

Russische Liebesbowle

Zutaten: *4 EL Kirschen im Glas*
6 cl Wodka
8 cl Kirschsaft
Sekt zum Auffüllen
2 Kugeln Vanilleeis

Die Kirschen mit dem Wodka und dem Kirschsaft übergießen und mehrere Stunden an einem kühlen Ort ziehen lassen. Anschließend in zwei Longdrinkgläser füllen und mit Kirschsaft und Sekt auffüllen. Kurz vor dem Servieren das Vanilleeis hinzugeben.

Waldmeister-Bowle mit Ingwer

Zutaten: *½ Büschel Waldmeister*
10 g kandierter Ingwer
½ l Weißwein
½ l Sekt

Den Waldmeister kalt abbrausen und auf Küchenpapier über Nacht trocknen lassen. Den Ingwer in sehr kleine Würfel schneiden und mit dem Weißwein in ein Bowlengefäß geben. Abgedeckt über Nacht durchziehen lassen.

Den Waldmeister an den Stielen mit Nähgarn zusammenbin-

den und in den Ingwerwein hängen. Die Stiele dürfen den Wein dabei nicht berühren. Das Ganze eine halbe Stunde in den Kühlschrank stellen. Anschließend das Waldmeisterbündel entfernen und den eisgekühlten Sekt aufgießen.

Enziansirup

Zutaten:	*100 g Enzian*
	1 l destilliertes Wasser
	1,8 kg nicht raffinierter Zucker

Das Wasser zum Kochen bringen und den gehackten und geriebenen Enzian damit übergießen. Die Lösung in einem geschlossenen Gefäß mindestens sechs Stunden lang ziehen lassen. Anschließend durch ein Tuch seihen und 24 Stunden absetzen lassen. Dann auf milder Hitze erwärmen, den Zucker hinzugeben und bis zur Hälfte eindicken lassen. Nach dem Erkalten ist der Sirup gebrauchsfertig. Jeweils ein Schnapsglas voll in einen Champagnerkelch geben und mit gut gekühltem Sekt auffüllen.

Liebestrank

Zutaten: *30 g Enzianwurzel*
1,5 l Champagner
0,7 Liter schwerer Rotwein

Die Enzianwurzel fein reiben und 24 Stunden in dem Champagner ziehen lassen. Anschließend zusammen mit dem Rotwein in eine Flasche füllen, verschließen und an einen warmen Ort, am besten in die Sonne, stellen. Nach gut einer Woche durchfiltern und in eisgekühlten Schnapsgläsern servieren.

Erotische Eiermilch

Zutaten: *2 sehr frische Eigelbe*
2 Glas Milch
je 4 cl weißen und braunen Rum
4 TL Rohrzucker
20 g Vanilleextrakt

Zunächst das Eigelb mit der Milch schaumig schlagen, dann Rum, Zucker und Vanilleextrakt hinzufügen und noch einmal gut durchrühren.

Zwei Champagnerschalen am Rand anfeuchten und in Zucker tauchen. Darin die erotische Milch servieren.

Liebeswein

Zutaten:

30 g Zimt
30 g Ginsengpulver
30 g Vanille
1 l Malaga-Wein

Den Zimt mit dem Ginsengpulver und der Vanille gut mischen und anschließend mit dem Malaga-Wein aufgießen. Das Ganze zwei Wochen lang ziehen lassen. Täglich schütteln und abschließend filtern. In eisgekühlten Likörgläsern servieren.

Safransirup

Zutaten:

1 l Malaga-Wein
25 Safranblütennarben
1 kg Rohrzucker

Die Safranblütennarben einschneiden, mit dem Wein übergießen und gut acht Stunden lang ziehen lassen. Anschließend filtern und den Safran herausnehmen. Dann den Rohrzucker einrieseln lassen und das Ganze bei milder Hitze auf die Hälfte eindicken. Den Sirup in gekühlten Gläsern in kleinen Schlucken genießen – da wird die erotische Phantasie garantiert beflügelt.

Liebeslikör

Zutaten:

10 g Zimt
20 g Zitronenschale
15 g Thymian
5 g Koriander
5 g Muskatblüte
5 g Vanille
1 l Branntwein
1 kg Rohrzucker
½ l Wasser

Alle Zutaten miteinander vermischen, mit dem Branntwein übergießen und etwa zwei Wochen lang ziehen lassen. Dabei täglich einmal umrühren.

Wenn der Likör gut durchgezogen ist, den Rohrzucker im Wasser auflösen und zum Kochen bringen. Das Ganze so lange köcheln lassen, bis ein dickflüssiger Sirup entsteht. Anschließend den Sirup unter den Likör mischen und in kleinen Schlucken zu zweit genießen.

Amors Feuer

Zutaten:

¼ l Zuckersirup
2 l Gin
250 g Sellerie

20 g Fenchel
Zimtöl
Gartenkümmelbeerenöl

Zunächst den Zuckersirup mit dem Gin vermischen. Sellerie und Fenchel waschen, putzen und in kleine Würfel schneiden. Anschließend mit dem gezuckerten Gin übergießen und das Gemisch drei Tage ziehenlassen.

Danach gut abseihen, einige Tropfen Zimtlöl sowie Gartenkümmelbeerenöl zufügen und in eine Glasflasche füllen, die an einem warmen Ort nochmals drei Tage stehenbleiben muß.

Wenn das Getränk gut durchgezogen ist, bleibt Amors Feuer gewiß nicht ohne die erwünschte Wirkung.

Liebestropfen

Zutaten:

90 g Zimt
60 g Kardamon (groß)
60 g Galgant
15 g Gewürznelke
12 g frischer schwarzer Pfeffer
8 g Muskat
0,2 g Moschusöl
1 l Wodka

Alle Gewürze gründlich miteinander vermengen und anschließend mit dem Alkohol übergießen. Das Ganze mindestens 24 Stunden ziehen lassen und dann filtrieren.

Die Liebestropfen können pur, auf einem Stück Zucker oder als Zugabe in einem Getränk eingenommen werden.

Liebespunsch

Zutaten:

30 g Vanillestengel
30 g Zimt
30 g Ginsengwurzel
30 g Rhabarber
1 l Malaga-Wein
15 Tropfen Ambratinktur (Apotheke)

Zunächst Vanille, Zimt, Ginseng und Rhabarber mit dem Wein übergießen, und den Punsch zwei Wochen ziehenlassen. Das Gemisch jeden Tag einmal schütteln und anschließend filtrieren.

Wenn der Punsch richtig gut durchgezogen ist, die Ambratinktur hinzugeben und noch einmal kurz umrühren.

Aphrodisischer Likör

Zutaten:

40 g Zitronenschale
30 g Thymian
15 g Zimt
10 g Vanille
10 g Koriander
2 l (guten!) Rum
2 kg Zucker
1 l Wasser

Die Zitronenschale mit dem Thymian, Zimt, Vanille und Koriander gut vermengen, mit dem Rum übergießen und zwei Wochen durchziehen lassen. Anschließend das Wasser erhitzen und den Zucker darin auflösen. Alles miteinander vermischen und durch ein engmaschiges Sieb abgießen.

Erdbeerbowle

Zutaten:

300 g Erdbeeren
Saft einer Zitrone
4 cl Minzsirup
1 EL gehackte Minze
350 ml Weizenbier
1 Flasche Mineralwasser

Die Erdbeeren waschen, putzen, halbieren und in ein Bowlengefäß geben. Anschließend Zitronensaft, Minzsirup, gehackte Minze und das Bier hinzugeben und etwa eine halbe Stunde kühl stellen. Mit Mineralwasser auffüllen und bald servieren.

Vanille-Rosen-Trank

Zutaten:

450 g Rosenblätter
4 Vanilleschoten
120 g Mönchspfeffer
1 l Branntwein

Alle Zutaten in einem großen Steingutgefäß vermengen, mit dem Branntwein übergießen und zwei Wochen an einem kühlen Ort ansetzen. Danach filtrieren und in eine Glasflasche umfüllen. Vor dem Servieren nach Belieben mit ein wenig Honig süßen.

Lustfeuer

Zutaten:

3 g Zimtpulver
8 g Nelken
30 g Ingwerpulver
8 g gemahlene Bourbon-Vanille
1 kg feiner Zucker
1 l nicht zu junger Burgunder

Zunächst alle Gewürze mit dem Zucker in einem Tontopf gut vermischen und dann mit dem Wein übergießen. Mehrmals gut umrühren und die Mischung mindestens drei Stunden an einem kühlen Ort durchziehen lassen. Anschließend mit Eiswürfeln in Longdrinkgläsern servieren.

Cocktails für schöne Stunden zu zweit

Mein Herz quält der Gedanke,
Daß unsre Seele reisen muß,
Eh deine Lippen meine fanden.
Der Durst nach deinem Mund
Trieb mich in arge Not.
Wann schenkt dein Mund
Mir, dem Geringen, eine Gabe?

Hafis, Ich lasse nicht ab

Shee Shee

Zutaten: *6 cl Erdbeerpüree*
4 cl Erdbeersirup
4 cl Zitronensaft
4 cl Limejuice
4 cl Orangensaft

Alle Zutaten mit reichlich Crashed Ice im Mixer shaken, in zwei Gläser geben und als Überraschung je eine Kiwischeibe im Glas versenken.

Pfefferminz-Mimosa

Zutaten: *3 TL feingehackte frische Pfefferminzblätter*
10 g Kristallzucker
2 EL frisch gepreßter Orangensaft
1 Piccolo Rieslingsekt
frische Minzeblätter zum Garnieren

Die Pfefferminzblätter mit dem Zucker in eine Schüssel geben und zerdrücken, bis eine gleichmäßige Paste entsteht. Dann den Orangensaft zugeben und gut umrühren. Anschließend den Saft in zwei Champagnerkelche geben, mit dem Sekt aufgießen und je mit einem Minzblatt garnieren.

Ruby Manila

Zutaten:

4 cl Limettensaft
2 cl Roses Limejuice
12 cl Blutorangensaft
je 6 cl weißer und brauner Rum
2 cl Kirschlikör
2 Spritzer Sherrysirup

Alle Zutaten für diesen Drink in den Shaker geben, gut schütteln und abseihen. Anschließend in zwei vorgekühlte Gläser mit reichlich Eiswürfeln geben und mit je einer Cocktailkirsche garnieren. Der Ruby Manila ist süß wie knallrote Lippen und verführt garantiert – und zwar hochprozentig.

Mondo Melone

Zutaten:

2 kleine Wassermelonenstücke
3 cl Grenadine
7 cl Gin (wahlweise Wodka)
4 cl Melonenlikör
4 cl Zitronensaft
8 cl Orangensaft

Die Wassermelonenstücke in den Mixer geben und pürieren, anschließend in den Shaker füllen. Mit den restlichen Zutaten auffüllen und kräftig schütteln. Anschließend in zwei Gläser gie-

ßen und mit einem Fruchtspieß aus Melonenscheiben und Cocktailkirschen garnieren. Dieser erfrischende und belebende Drink macht müde Männer garantiert munter.

Mojito

Zutaten:

5 Pfefferminzzweige
2 EL brauner Rohrzucker
8 cl Limettensaft
16 cl weißer Rum
10 cl Sodawasser

Zunächst die Pfefferminzblätter mit dem Rohrzucker zerdrücken; anschließend mit Limettensaft, weißem Rum und Crashed Ice auffüllen und mit Sodawasser abspritzen. Den Cocktail in zwei Gläser füllen und je mit einem Minzeblatt dekorieren. Dieser Cocktailklassiker sorgt garantiert für lange und heiße Nächte.

Romantic Capri

Zutaten:

8 cl Gin
4 cl Campari
4 cl Aperol
8 cl Zitronensaft
2 Spritzer Mandelsirup

Alle Zutaten in einen Shaker geben und kräftig schütteln. Dann in zwei elegante Cocktailschalen gießen und mit einer exotischen Blüte schmücken. Wer denkt dabei nicht an die rote Sonne, die bei Capri im Meer versinkt?

Peach-Margarita

Zutaten:

Püree von 1 Aprikose
Saft von ½ Limette
4 Schuß Orangensaft
4 cl Zitronensaft
4 cl Havanna Club Rum
2 cl brauner Tequila
1 cl Pfirsichlikör

Zunächst das Aprikosenpüree mit dem Limettensaft und der Hälfte des Orangensafts miteinander vermengen, bis das Ganze cremig ist. Nun Eiswürfel in einen Shaker geben, mit Zitronen-

saft, Rum, Tequila, Pfirsichlikör und dem restlichen Orangensaft auffüllen und kräftig mixen. Dann zwei gekühlte Gläser am Rand befeuchten und in Zucker tauchen. Den Cocktail ohne Eiswürfel in die Gläser geben und mit je einem exotischen Fruchtspieß aus Physalis, Sternfrucht und Orangenscheiben dekorieren.

Waldmeister-Ananas-Cocktail

Zutaten:

- *2 Scheiben Ananas*
- *4 cl Wodka*
- *0,1 l Waldmeistersirup*
- *4 Spritzer Zitronensaft*
- *Mineralwasser*

Die Ananasscheiben in Würfel schneiden, mit dem Wodka beträufeln und einige Minuten ziehen lassen. Anschließend in zwei Longdrinkgläser füllen, Waldmeistersirup und Zitronensaft darübergießen und mit eiskaltem Mineralwasser auffüllen.

Fruchtiger Liebeszauber

Zutaten:

8 cl Pfirsichlikör
16 cl Ananassaft
2 cl Zitronensaft
4 cl Cream of Coconut

Alle Zutaten mit etwas Eis im Shaker kräftig schütteln und anschließend in zwei Longdrinkgläser mit Crashed Ice abseihen. Je ein Stück Ananas zusammen mit einer Cocktailkirsche an einem Sticker an den Glasrand stecken.

Hochprozentiger Liebesgenuß

Zutaten:

8 cl weißer Rum
4 cl Gin
2 cl Himbeersirup
4 cl Zitronensaft
Eiswürfel

Den weißen Rum mit dem Gin, dem Himbeersirup und dem Zitronensaft verrühren. Das Eis zerstoßen, hinzugeben und gut schütteln. Anschließend in zwei Longdrinkgläser füllen und mit einem Himbeerspieß garnieren.

Verführerischer Liebescocktail

Zutaten:

100 ml Ananassaft
200 ml Apfelsaft
1 pürierte Banane
½ Likörglas Pfefferminzlikör
Zitronensaft

Ananas- und Apfelsaft mit der pürierten Banane mischen und für mehrere Stunden kalt stellen. Anschließend mit dem Pfefferminzlikör aufgießen und mit Zitronensaft abschmecken. In zwei große Cocktailschalen geben und mit frischen Minzeblättern garnieren.

Erotic Power

Zutaten:

100 ml Gemüsesaft
100 ml Selleriesaft
Saft einer Zitrone
2 Spritzer Tabasco
2 EL Schnittlauchröllchen
4 cl Tequilla
Mineralwasser

Gemüsesaft, Selleriesaft und Zitronensaft in ein gut gekühltes, hohes Glas geben und verrühren. Mit einem Spritzer Tabasco würzen, die Schnittlauchröllchen und den Tequila zugeben und mit Mineralwasser auffüllen.

Rezeptverzeichnis

Quellenverzeichnis

Arnim, Gabriele von, Essen, aus: Kleine Philosophie der Passionen, Deutscher Taschenbuch Verlag, München 1998.

Bender, Hans, Lyrische Biographie, Werkkunstschule Wuppertal, Wuppertal 1957.

Casanova, Giacomo, Geschichte meines Lebens. Herausgegeben und kommentiert von Günther Albrecht in Zusammenarbeit mit Barbara Albrecht, 12 Bände, Gustav Kiepenheuer Verlag, Leipzig 1988 (für die revidierte und ergänzte Übersetzung).

Corbin, Alexander, Pesthauch und Blütenduft, Wagenbach Verlag, Berlin 1984.

Eckstein, Eva (Hrsg.), Eine Auster im Mieder von Donna Emilia. Casanovas sinnlichste Rezepte, Aufbau Taschenbuch Verlag, Berlin 1999.

Frischauer, Paul, Weltgeschichte der Erotik, Band 1–3, Knaur Verlag, München 1995.

Hafis Liebesgedichte, in: Cabinet der Lyrik, übertragen von Cyrus Atabay, Hoffmann und Campe Verlag, Hamburg 1965.

Holthusen, Hans Egon, Labyrinthische Jahre, Verlag R. Piper & Co., München 1952.

Junius, Manfred, Praktisches Handbuch der Pflanzen-Alchimie, Ansata Verlag, Interlaken 1982.

Krahl, Gisela, Andrea Riepe, Wonnestunden, Wunderlich Verlag, Reinbek 2000.

Laux, Helga und Hans E., Kochrezepte für Naturfreunde, Franckh-Kosmos-Verlag, Stuttgart 1981.

Laux, Helga und Hans E., Köstliches aus der Naturküche, Franckh-Kosmos Verlag, Stuttgart 1997.

Stark, Raymund, Aprhodisiaka und ihre Wirkung, Wilhelm Heyne Verlag, München 1984.

Thiele-Dohrmann, Klaus, Die gekrönte Venusfrucht. Geschichten um den Granatapfel, Diana Verlag, München 1999.

Zollinger, Albin, Sternfrühe, Morgarten Verlag, Zürich/Leipzig 1936.